山东村落田野研究丛书

孟家村

张士闪 李松 总主编

李生柱 宫慧珉 著

山东大学出版社

总序

编纂一套山东村落田野调查方面的丛书，立意甚早。20多年来，以山东大学为核心的山东民俗学团队，每年都会安排多次村落田野调查活动，许多博士、硕士学位论文也以村落为田野点，注重对田野材料的挖掘与分析，紧贴乡土作实证研究，迄今竟有百村之数。学术论文的阅读群终归有限，将这些辛苦得来的第一手田野资料，以写实的手法呈现出一个个真实的村落世界，向社会提供一份可信的国情资料，一直是我们共同的心愿。

2016年夏，山东大学民俗学研究所与山东大学出版社共同策划、申报"山东村落田野研究"选题，并于2017年春被列入国家出版基金规划资助项目，夙愿终偿。我们从以山东村落为田野点的博士、硕士学位论文中遴选出20种，邀约作者遵循"深描村落生活，凸显村民主体，梳理乡土文脉，展现国情底色"的原则，进行改写或重写。为使这一原则不致落空，我们课题组密集举办三次小型研讨活动，达成如下共识：

首先，小中见大，述而见议。这套丛书所选村落虽然都在山东，但学术视野并不自我设限，讲究以小见大，寓学理于讲述之中，助推对于中国社会的深入理解。这需要作者秉持综合、开阔的学术眼光，既关注村落的历史脉络，涵括其驳杂的历史动态，又聚焦当今村民主体话语，反映村落的社会现实和未来走向。

其次，关注传承，着眼动态。在乡土社会发生剧变的当下，我们理应重新观察和思考作为人类最基本的生活共同体的村落，关注其自治传统的传承及组织机制，得出符合其自身历史实际和内在逻辑的阐释。村落描述，不应该成为乡村琐事的拼盘，也不是对于一个个村落凝固幻象的编织，甚至也

不应满足于立此存照式的一幅幅风俗画。我们深信，就在众多村落所呈现的异同之间，蕴含着中国基层社会的真正奥秘。

再次，村民本位，日常视角。坚持村落民俗志描述中的村民本位，摆脱那种将文人的文字传统视为“唯一性知识”的旧习，将村民日常使用更广泛的口述、物象、仪式等知识形式，放在至少是与文字同等的位置。我们深知，白纸黑字所代表的文字表达传统，仅仅是占社会总体人数很少的文人阶层所推重的一种特殊知识形式，而远非人类知识之全部。在乡村社会中尤其如此。将村落的历史、当下与未来贯穿起来的村民，在“过日子”中凝结而成的丰富知识形式，理应在村落民俗志中显现光彩。我们期望这套丛书出版后，不仅供学者研究、都市人阅读，还有村民愿看，甚至成为村落典藏。让乡土知识真正实现“从民众中来，到民众中去”，是我们最大的心愿。

新世纪以来，随着以全球化、都市化为特征的现代生活的迅速普及，乡土民俗的连续性、系统性、整体性已严重受损，曾作为中国社会主体的乡土村落正经历巨变。但无论如何，村落依然是中国传统文化的重要承载地，农民是绝不可轻忽的文化传承主体。当代学者的一项重要使命就是关注村落，将村落中的人、事、文化传统与生活现状等视为一个整体，通过深描村落社会运行的逻辑，阐释村民的生活世界及其赋予生活的意义之所在，并在此基础上对其组织形态、机制及变迁予以描述与推导，这对于理解中国乡村文化传承乃至整个中国社会大有裨益。我们深知：梳理中国村落的历史来路，叩问其从何而来；展示由形形色色民俗事象所构成的村落人文世界，理解现状与内在脉络；观察村落在现代化进程中的遭遇与新创，关注其向何处去——这应该成为村落研究介入当代中国社会发展、彰显乡村文化茁壮活力的基本向度。

一、中国村落研究传统

生于乡土，终老乡土，曾在漫长岁月中被绝大多数国民视若天经地义，这一社会事实本身即足以显示村落的意义。我们相信，“在村落中研究”（格尔兹语）的学术实践，在当今“世界史”“全球史”风起云涌之际，不仅没有过时，而且不可或缺。毕竟，无论是重述“亚洲”，还是重述“世界”，我们仍要以乡土中国为立足点。

传统意义上的村落，自有其历史渊源与发育过程。村落社会的组织与运行，离不开稳定的民俗传统的传承。民俗传统既具有群体规约性质，又能为民众提供身份认同与人生意义，因而蕴含生机，常在常新。村落之为“问题”，乃是19世纪末20世纪初，一批知识分子基于晚清社会之变局“眼光向下”的产物：一方面，受西方入侵影响，新的生产方式与经济结构已日益内嵌于中国基层社会，传统时代城乡互动的社会运行模式被打破，作为中国乡土社会基本单元的村落日渐萎缩，成为当时中国社会整体发展失衡状况的表征之一；另一方面，以“西学东渐”为背景而形成的革命性、现代性强势话语，逐渐渗入乡土社会，持续改写着村落发展的内在逻辑，造成了民间自治传统的失衡或断裂。[①] 以此为背景，乡土社会成为当时知识精英普遍关注与“拯救”的对象，村落则成为中国现代学术研究的重要单元。

诚然，学术活动不能没有研究单元的设计。20世纪上半叶，以费孝通、林耀华等为代表的中国学者，就注意选择村落或村寨为研究单元，并在其学术生涯中长期坚持，认为村落既是便利研究者做全面了解的较小的社会单位，又是反映人们社会生活的比较完整的切片。[②] 其中奥秘，恰如英国人类学家布朗所强调的，对于一个村庄进行细致入微的研究的意义在于——既要看到村落社区生活的某一个方面在整体的社会生活中的功能，也要看到这个村落本身的组成结构。[③] 钟敬文在1983年中国民俗学会成立的讲话中，将“搞民俗学当然着重在广大农村”当作不言而喻的前提[④]，后又在不同场合多次表述，获得了国内民俗学界的广泛响应，乃至成为经典范式。20世纪90年代初，刘铁梁从民俗传承生活空间的角度，论述了村落作为基本研究

① 参见张士闪：《“顺水推舟”：当代中国新型城镇化建设不应忘却乡土本位》，载《民俗研究》2014年第1期。

② 参见费孝通：《江村经济——中国农民的生活》，商务印书馆2001年版，第24页。

③ 转引自赵旭东：《权力与公正——乡土社会的纠纷解决与权威多元》，天津古籍出版社2003年版，第10页。

④ 参见钟敬文：《民俗学的历史问题和今后的工作》，载《钟敬文自选集》，首都师范大学出版社2008年版，第409页。

单位的意义，明确了村落研究在民俗学学科中的理论地位。[①] 时至今日，以村落为单元进行研究的学者仍为数众多，跨越民俗学、人类学、社会学、历史学、民族学、艺术学等学科。诚然，在国土广袤的中国，无论从事怎样的课题研究，从相对自成体系而又较小的村落生活共同体入手，自有其合理性，而且有望产生深厚的学术理论意义。更何况，村落研究还被赋予认知历史、立足当下、面向未来的重要使命。村落形态尽管一直处于或微或巨的变化之中，但它所塑造的文化模式与传统，在可预见的未来中国仍具重要价值，乃是不争的事实。

但与此同时，对于以村落为研究单元的批评一直不绝于耳。美国学者施坚雅的批评可谓尖锐："研究中国社会的人类学著作，由于几乎把注意力完全集中于村庄，除了很少的例外，都歪曲了农村社会结构的实际。如果可以说农民是生活在一个自给自足的社会中，那么这个社会不是村庄而是基层市场社区。"[②]在施坚雅的"市场圈"理论之后，又陆续出现了祭祀圈、婚姻圈、联村组织等研究范式，对村落研究模式予以拓展，努力将村落单元置于更大范围的区域社会脉络中予以理解。毕竟，村落社会并非村民的简单集合，村民生活也并非只与村落有关。自古及今，村民与村外世界联系的普遍性是无可置疑的。[③]

围绕村落作为研究单元的种种争论，有相当多的误解在内。比如：对于村落生活共同体的基本理解，是被动、静态，还是动态、开放？争论双方其实是基于不同的预设。村落研究，如果将村落理解为动态、开放的社区，就应该成为从村落出发的研究，以小见大地拓展个案研究的价值，而那种从较大区域展开的研究，如果将村落理解为被动、静态的社区，也不见得就一定贴

---

① 参见刘铁梁：《村落——民俗传承的生活空间》，载《北京师范大学学报（社会科学版）》1996 年第 6 期。最近，他对此作了更明确的表述："村落被民俗学者视为田野调查的最佳场域，也是最基本的空间单位……民俗学把村落作为一个整体的小社会进行观察和分析。在村落中观察到的民俗文化事象，具有时空的限制意义。"（刘铁梁：《"深描"中国村落文化变迁》，载 2017 年 7 月 10 日《中国社会科学报》）

② ［美］施坚雅（G. William Skinner）：《中国农村的市场和社会结构》，史建云、徐秀丽译，中国社会科学出版社 1998 年版，第 40 页。

③ 即使在前现代化时期，村落本身也不可能像老子所说的"鸡犬之声相闻，民至老死不相往来"，如多村共用一庙、信仰仪式的村落轮值等。当代学界热衷于以"古村落""传统村落"等为研究对象，频繁使用"原生态""原汁原味""本真性"等概念，其实都是以将封闭自足视作村落的"典型"状态为预设的。

近了"农村社会结构的实际"。其中的关键，是对于乡村社区与村民主体之间互动关系的理解，而不在于所选择的研究单元的大与小。即便是规模不大的村落，毕竟也是民众多种力量共存的、活态的生活共同体。其实，在中国乡土社会研究中，真正让人遗憾的是对于村民主体性的轻忽或漠视，这是在上述研究模式中一直未能得到根本改变的死角。

二、村落研究，应聚焦民众主体

绝大多数的村落研究，往往将民众的文化笼统地归于"民俗"，似乎民众的文化生命是以"民俗传承"来丈量或维系的。厘清民众与民俗的关系，将有助于拨开笼罩在村落研究中的多重迷雾。民俗，究竟是民众自发的文化创造，还是基于"一二人倡之，千百人和之"的精英引领，抑或不过是国家大一统进程中"礼化为俗"的结果？细究之，上述三种观点虽都不免以偏概全，却也都道出了民俗的某一要义。若将三者统观，庶有助于对"民俗"乃至村落的理解。

首先，民俗的本质是民众主体的文化创造，自无可置疑。民俗传统，即民众在长期生活实践中，以约定俗成的方式促使某种价值规范发生从世俗到超验的升华过程。值得注意的是，这一升华过程绝不是一朝一夕所能成就，也并非一成不变，而是在民众生活共同体内部始终蕴含着多变的可能，呈现出活态性质。同时，再有力的国家行政运作，也无法随意篡改民俗传统或改变村落社会的民众主体性质。近年来对于当代村落的近距离观察，使我们更加确信：在当下新型城镇化的浪潮中，民俗传统不仅没有遁隐，而且变得更富弹性与多元。时至今日，某些村落的发展轨迹时显诡异，其"突然终结"与"奇迹再生"之现象让人大感迷惑。究其实，民众力量在社会剧变中的屈抑与释放当是理解这一现象的重要维度。

其次，自古以来，民俗的形成与发展均离不开知识精英的引领作用。我们在田野作业中发现，很多民俗传统一开始是作为事件应激之文化反应而出现的，如村落形成之初的生存所需、灾乱年头的秩序维持、太平时期的发展机遇捕捉等。这种因应激而形成的文化反应，不会随着事件的完结而迅即消失，而是沉淀、扩散到地方生活中，形成社会经验，此后又会在后发的事

件应激中被运用，最终磨合成一种社会行为模式。在应激事件、应激性文化反应与社会行为模式的互动过程中，离不开少数文化精英的有意识运作，并最终使之沉淀为乡土民俗。恰如“民俗”之作为现代学术概念，也是伴随着现代城市化的发展进程而为知识精英所发明并设置意义的。正像铃木正崇所说：“直到近代，‘民俗’与‘传统’在消灭和生成的间隙中得以发现。”[①]不过，少数知识精英的引领作用，从来是与其“适于时而合于势”的行为选择密切相关的。兹以地方志书中的灾荒记录为例予以简单说明。地方志书中总是凸显地方精英的非凡作用，比如为减税急赈而为民请命、订约立碑以控制社会秩序等，而将一方民众作为背景因素，至多以“民不聊生”“饥民四起”等语大略言之。这显然并非社会事实。实际上，精英的行为往往是受地方社会情势所激，其对于当时国家政治态势的估测，与对于地方民众心理的揣度，为其行为选择提供了关键性依据。但作为地方社会情势重要构成因素的民众，却在地方志书中被大大忽视了。

再次，中国很早以来就已形成所谓的“礼俗社会”，传统中国作为一个复杂社会系统，在民间生活与国家政治之间有着复杂而深厚的同生共存关系。纵观一部中华文明传承发展史，国家意识形态经常借助对民俗活动的渗透而在乡村生活中贯彻落实，形成“礼”向“俗”落实、“俗”又涵养“礼”的礼俗互动的政治框架。礼俗互动，既包括民众向国家寻求文化认同并阐释自身生活，也体现为国家向民众提供认同符号与归属路径。换言之，借助民俗文化的生机跃动，民间社会始终发挥着对于主流文化的葆育能力。以此为基础，在中国社会悠久历史进程中的“礼俗互动”，就起到了维系“国家大一统”与地方社会发展之间平衡的作用。[②] 国家政治与民间自治之间的互动关系，不仅形塑着社会组织的基本形式，也由此产生了社会生活层面的文化交织现象：“国家对村落的政治干预与民间自治之间有长期互动的历史，结果是形成了今天（家族村落）聚落联合体的基本组织形式。”[③]以此理解中国大地上的众多村落，庶有较通观的眼光。

---

① ［日］铃木正崇：《日本民俗学的现状与课题》，赵晖译，载王晓葵、何彬编：《现代日本民俗学的理论与方法》，学苑出版社2010年版，第3页。

② 参见张士闪：《礼俗互动与中国社会研究》，载《民俗研究》2016年第6期。

③ 刘铁梁：《传统乡村社会中家庭的权益与地位——黄浦江沿岸村落民俗的调查》，载《北京师范大学学报（社会科学版）》2001年第6期。

三、村民口述的意义

走进村落，不仅要关注“民生”，而且要体察“民心”，感受民众生活史与心态史的双重意义。面对民众的生活与文化，传统的学术工具似乎不那么灵光了。

比如，我们在村落调查中，经常有各种各样的困惑。为什么历史上的某一事件，会频繁地被村民表述，还被表述者加上了许多的发明和创造？不仅如此，看起来离“真相”越来越远的表述，反倒经常成为后人的话题中心，并在现世生活的裹挟下发生效用，而事件本身（即所谓“真相”）倒不见得重要了。还有，为什么是历史上的这一事件而不是另一事件，频繁地被这一地方而不是另一地方的人不断关注，并“折腾”出了这样的而不是别样的传统？有果必有因，有事必有人，民间自有其文化选择与传承的机制——没有关注，就不会有表述；没有关注和表述，就不会有传统的发明和创造。

显然，前者关注的是一种文化传承的线性历史，后者则关注其内在结构逻辑，耶鲁大学教授萧凤霞试图以“结构过程”①涵括二者。要想真正地解惑答疑，就必须在具体的区域社会空间中将二者结合起来，关注某一传统从过去到现在的建构过程与多元指向，并特别聚焦其主体表述。这一研究模式的策略是，一种传统在不同时代留下的表述有或微或巨之别，而就在种种表述的同异之中，蕴含着区域社会发展的历史脉络与内在逻辑。因此，我们的工作首先是挖掘各种表述，然后在各种表述之间寻找关联，总结民间叙事的特征，并在此基础上还原“社会事实”，建构逻辑关系。鉴于历史上官方、知识精英与民众的互动情形驳杂不一，我们今天所见的“传统”基本上都已经历过无数次改写，只是我们难以知情罢了，因此必须保持足够的警觉。这也意味着，我们在关注传统的线性历史脉络的同时，要特别关注地方社会中人的创造能力及创造逻辑。

用这样的眼光看，民间口述材料中所谓的“随意性”，不但不应是拒绝采信的理由，反倒要视为民间叙事乃至地方生活的应有特征，为我们解读历史

① 萧凤霞：《廿载华南研究之旅》，载《清华社会学评论》2001年第1期。

提供了一种相对稳实可靠的地方逻辑。一个人(当然也包括多人)对于同一事件的不同表述,既可以是基于生活状态与交流情境不同而形成的差异,也可能是他对事件表述的不同侧面的选择,还可能是他自身"觉昨非而今是"而有所改变的结果。叙事者,既是能动的个体,又会受到国家历史进程与地方社会发展格局的影响。更重要的是,国家历史进程与地方社会发展并不是作为人类个体活动的静态背景而存在的,而是通过无数个体的能动性活动才得以实现的。个体与群体的叙事及其他行为,对于地方社会发展与国家历史进程的推动作用,至今尚难以准确估测,但在它们之间存在着至为复杂的关联与互动关系,则毫无疑问。因此,民间叙事基于村落生活而呈现出的所谓"随意性",不但不是田野研究的绊脚石,反倒蕴含着学术进步的契机,因为这是理解村民的历史观、价值观的必由之径。

村落中的民间叙事,还会努力保持与地方志、族谱、文人著述等文字传统的一致性。比如,它们都倾向于将本地区的历史与文明传统演绎得悠久古老,竭力与上古圣贤、神灵怪异建立关联,以贴近"人杰地灵"的叙事逻辑。显然,地方社会一直在不断地重新定义和建构自身传统的神圣与伟大,只不过官方和文人的叙事多以县境为单元,村民则多以村境为指向,官民之间经常发生的"文化合谋"即在此背景下展开。这与现代婚礼上对于恋人"缘分"的演绎,电视选秀者对其生平际遇的"赋值"等现象,如出一辙。其中的关键是如何建构叙事的合理性,以感染受众,并挟以自重。由此可知,执着于对民间叙事证实或辨伪的学者,既难以理解历史,也不能洞悉民众智慧。

村落研究,是不能不将历史学与民俗学、人类学的研究方法加以综合运用的。就村落史研究的学科传统而言,历史学追求历史真相,其研究注重证实或辨伪,而民俗学、人类学则关注民众如何记忆历史,以及为什么这样记忆历史。村民的历史记忆可以是虚构的、附会的、可改变的,因为它指向的是意义。比如,在山东各地的移民传说中,潍水以西大都说是来自山西洪洞大槐树(有的强调是由河北枣强中转而来),潍水以东的胶东半岛则普遍流传着"小云南移民"的说法。虽然众口一词言之凿凿,但在历史上不可能村村如此。然而,人们还是将传说演绎为一种显赫话语,争相讲述、争论与传播。在争来说去之间,这一传说就被广阔地域的人们演绎为一种有意义的历史记忆,衍生出文化认同、精神安顿等现实意义。克拉克认为:"人类学者一向比社会学者和历史学者对于历史意义的重要性更为敏感。和'什么事实际上发生过'同样重要的,是'人们以为发生过什么样的事',以及他们视它有多么重要的。"①真正的村落研究,不仅是在为包括历史学在内的多种学科提供民众口述资料,其实还有更为重大的使命,就是挖掘和呈现民众生活实践中的文化创造及其价值建构。遗憾的是,后者至今仍为包括民俗学者在内的众多学人所轻忽。

四、以学者与村民合作的民俗志书写方式,推进当代村落研究

近年来学界劲吹"田野风",进入村落成为时尚。特别是有老建筑遗存的古村,学人更是纷至沓来。热衷于进村者,并非都出于对村落价值的珍视与对村落发展的关怀,但对村落的影响却是强大而持续的。在这一切的背后,是国家战略聚焦乡村,社会资本涌入乡村,乡村成为当代社会的"宝地"。

历史告诉我们,乡村社会的良好发展是国家长治久安的基础。不过,在此时此刻,如下追问也许并非多余:我们真正了解我们匆遽进入的乡村吗?我们所理解的、要保护的乡村文化生态是自然真实且可持续的吗?我们的意愿也是生于斯长于斯的众多父老乡亲的愿望吗?这方水土会因我们的进入而更加美好吗?须知,在"现代化发展"这一庞然大物面前,乡村自然与人文生态系统是何等脆弱,而乡村所积淀的传统智慧对于人类未来发展则弥足珍贵,任何人、任何力量都无权损之毁之。广阔的农村天地首先需要被准确认知,然后才有可能"大有作为"。面对村落,如何才能更好地认知、更深入地理解与更准确地描述呢?

就本套丛书的众多作者而论,虽然早先在博士、硕士学位论文的写作过程中,已对村落有相当了解,但受到学位论文写作时间的限制与研究能力的制约,其村落民俗志描述少有村民的内部视角。我们期望在这套丛书的写作中,通过学者与村民的深度合作,尽量多地呈现二者的不同视角,尽

① [美]克拉克(Samuel Clark):《历史人类学、历史社会学与近代欧洲的形成》,贾士蘅译,载[加]玛丽莲·西佛曼、P. H. 格里福编:《走进历史田野——历史人类学的爱尔兰史个案研究》,(台北)麦田出版股份有限公司1999年版,第386页。

量多地留存鲜活的乡土气息。

1. 对于村民的内部知识，不妄加评论，而采用现象描述的方式，呈现真实的民众心态。

初入田野者，最常见的毛病便是盲从自己的知识“先见”，乍见村落种种现象，就匆匆忙忙做类型区分和价值判断。比如，对于村民信仰活动，或要评判是否迷信，或要区分是道教还是佛教。这样的知识“先见”，其实是基于对中国社会的肤浅理解。看似荒诞不经的言行，往往背后蕴含着民众的真实心态，是解读村落心史的难得资料。本套丛书中《胡集村》一书的作者王加华，曾携初稿进村交流。村民以当地说书前惯用的几段开场白[①]为证据，坚持认为本村起源于春秋时期，已有2000多年历史。这一说法无疑是非历史的，却正反映了村民希望将本村历史拉长与神圣化的真实心态。作者最终定稿时，对此就没有予以简单地抹杀或揶揄，而是在列举地方志书中的“明初立村说”之后，呈现村民的“春秋立村说”及其依据，同时保留村民的其他说法，这无疑是确当的。

当然，在学者与村民的交流中，也会有村民揣摩学者意图而对村落内部知识加以改装，往学者这边贴靠。这既与现实生活中学者话语的强势地位有关，也表现出村民对外来话语（包括学者）的利用心态，后者尤其值得注意。一些有见识的村民，一旦察觉到学者话语有助于所在村落的“增值”，往往就会抛弃己见，欣然赞同学者的说法，甚至热心地帮助寻找证据。虽然这也是村落知识增长的一种方式，但目前却还处于不稳定状态，需要将之与村落中比较稳定的知识范畴相比照，否则，我们对村落的理解就不免浮光掠影。

2. 丛书最后特设专章“村里的人　村里的事”，附录“重要民俗资料提供者简介”与村民所用文献，以凸显村民的主体叙事视角。

“村里的人　村里的事”专章的设计，意在以词条单列的方式，突破传统村落民俗志书写的静态幻象，在以事带人的生动描述中展现村落中的特

---

① 胡集书会汇聚南北说书人，常用的开场白有：“道德三皇五帝，功名夏后商周，五霸七雄闹春秋，顷刻兴亡过手。”“孔夫子周游列国，子路沿门教化。柳敬亭舌战群贼，苏季子说合天下。周姬佗传流后世，古今学演教化。”“扇子一把抡枪刺棒，周庄王指点于侠。三臣五亮共一家，万朵桃花一树生下。何必左携右搭。”

色文化。要想做到这一点并不容易。如张士闪和张帅在完成《洼子村》一书初稿后，曾专门回村细读给7位老人听，在热烈的讨论交流中，重新审视或矫正书中的原有观点。有村民尖锐地提出，原书稿过于突出巫婆神汉、善人及其信仰活动①，应该为本村烈士、支前英雄"树碑立传"，突出"教师村"的形象，并提供了相关资料。我们据此进行调整，新增"教师村""红色记忆"两个词条，与原有的"公事总理""礼仪人家""善人"等并置相映，就明显合理多了。这一修改书稿的过程，其实是学者与村民的两种叙事风格的并置与互动的过程，由此形成的村落民俗志自然会较前丰厚许多。

重要的民俗资料提供者，通常属于村民心目中"会看事""会办事""会说话"的人，经常代表村民向外人表述"村落文化"，其话语当然也会经过其自身的选择、加工而具有个人色彩。我们需要进一步观察，大多数村民会认同他作为村落文化代言人的角色吗？不善于对外人表述的大多数村民，如何评价他的话语？学者的到访，是促成了村民对其话语的接受还是相反？这些都需要格外留心。书后所附"重要民俗资料提供者简介"，意在呈现其个人基本信息，供读者进一步了解与思考。

书后所附的村民文献，与学者所撰写的正文文本形成有趣对比。学者与村民之间，注意点不同，知识储备、思想局限有别，而对村民村事的价值预设也差异明显。比如，围绕同一个村落的民俗志表达，学者所感兴趣的是如何呈现其所理解的"村落"，往往是看了地方志、地图、家谱、碑记等以后，再去跟村民交流，有时候还会事先阅读相关论著。当今学者还会特别看重祠堂、庙宇、信仰仪式、巫婆神汉等，认为这代表了地方文化生态的完整性。对于村民而言，村落则是他们身在其中、终身归属的"家园"。曾记得在2002年，洼子村的几位村落精英接受村委会布置的一项任务，要向外来民俗专家介绍村落文化，他们将之分解成"村志""民俗概况""文化教育概览"三部分，分别撰文描述。显然，他们将"村落文化"理解为历史、民俗与"高层"文化（并视为本村的特色文化）等三大层面，这一分类颇有见地，对于我们今天理解村落及民众心态仍具启发性。

长久以来，中国乡村社会经过反复的礼俗教化，形成了基于农耕经济

① 张笃杰："看了这书，外人还以为洼子村就知道整天烧香拜佛呢！"张笃杰，山东省淄博市淄川区罗村镇洼子村人，长期担任中小学教师、校长，现退休在家。

的社区共享传统，它以乡村公共利益的高度共享来实现乡土社会秩序的长期稳定，以社区节庆、生活礼仪、生产互助、乡规民约、信仰仪式等民俗传统为传承载体，构建起中华文明绵延不断的社会基础，也是支撑当代中国乡村可持续发展的重要文化资源。当代学者应服务当下中国社会发展的现实需求，扎根村落，深入传统，以此为基础提炼研究方法与理论，建构田野研究的中国话语。我们这套丛书愿意在这一学术方向上进行尝试，抛砖引玉。

最后还要说明的是，这套丛书写作时间正值暑期，尽管各位作者都有博士、硕士学位论文的研究基础，但因丛书定位所强调的视角转换，需要大量的补充调查，有的干脆是返工重做。今夏大热，感谢各位作者不避酷暑，按时完成撰写任务。因时间匆遽，本套丛书不尽如人意之处，敬请读者诸君批评指正。

张士闪

2017年8月31日

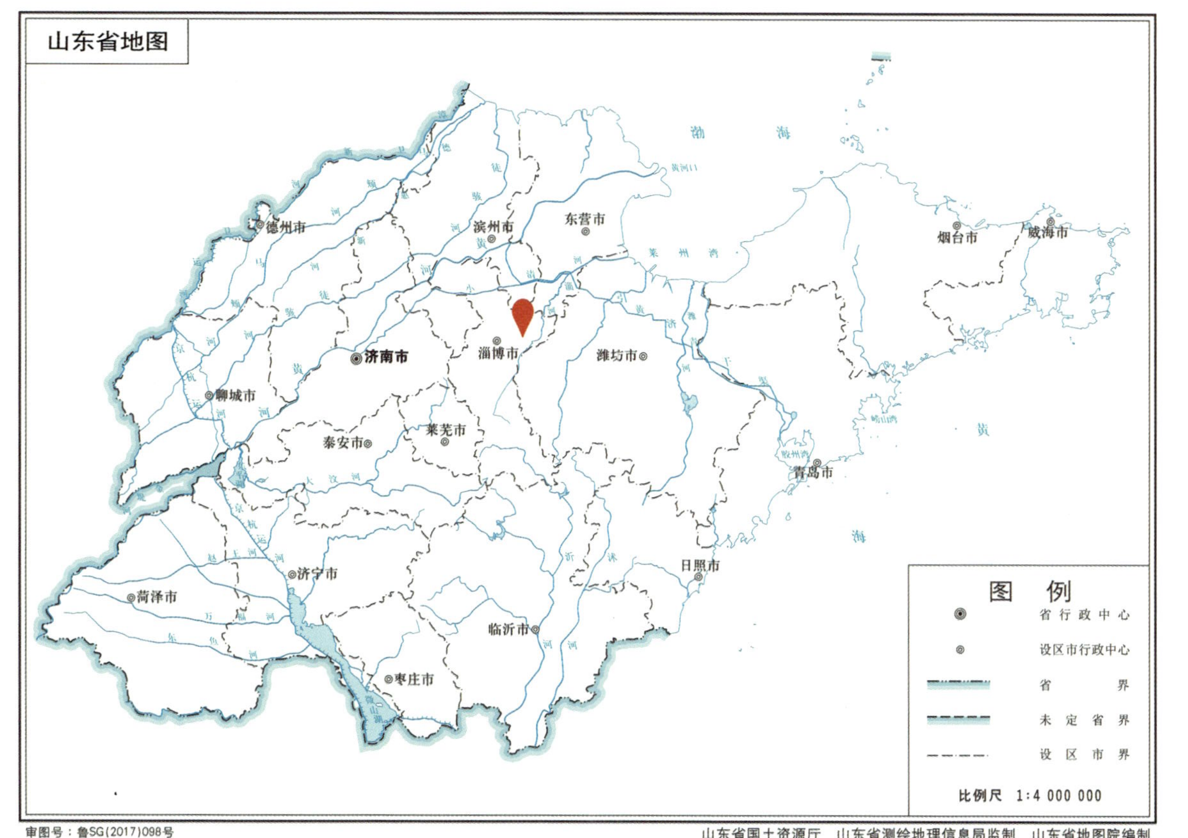

审图号：鲁SG(2017)098号

山东省国土资源厅　山东省测绘地理信息局监制　山东省地图院编制

孟家村地理位置示意图

目录

第一章 商山下的古村落

孟家村在行政区划上隶属于淄博市张店区中埠镇。在地理方位上，它坐落在著名的商山（今名“黑铁山”）脚下，靠近金岭铁矿，位于张店东北角中埠镇最南端，是张店区与临淄区交界的位置，距离淄博市中心张店区约 9 公里，距中埠镇中心约 3 公里。该村交通便利，紧靠 309 国道，铁山路从本村横穿南北。

朝阳下的孟家村

孟家村据传在明初立村，有着悠久的建村历史，现有人口1000多，人均土地半亩左右。村中姓氏众多，有孟、赵、孙、姚、邵、耿、毕、张、逯、王、窦、郭等。其中孟、赵、孙、逯四大姓氏最多，占50%以上。几百年来，该村社会文化深受商山一带冶铁业影响，伴随铁矿石冶炼而产生的炉神姑传说在此落地生根，村东北角建有远近闻名的炉神姑庙。炉神姑信仰已经成为商山之下这一古老村落最为显著的标志性文化。

一、区域地理

张店位于淄博市中部，东与临淄相接，西与周村毗连，南与淄川接壤，北与桓台为邻，自古便为鲁中腹地、交通要冲。就地势而言，张店处于向斜盆地东侧的北缘，低山丘陵区向黄泛平原过渡地带，东高西低，南高北低，较为平缓。境内地形平坦，土质良好，平原约占总面积72%；东北部有一呈北东走向的山体，属鲁山山脉，有大小山峰40余座，其中黑铁山为主峰，海拔高度254米，系张店区最高山峰。境内河流属小清河水系，有孝妇河、猪龙河、涝淄河、漫泗河等四大主要河流；除猪龙河外，其他均为过境北向河流。张店地处暖温带季风型半干燥半湿润大陆性气候区，季节变化显著，四季分明，雨量集中，光照充足，热量充沛，气候适宜。[①] 张店区地下矿藏丰富，东北部黑铁山一带铁矿储量约813.9万吨；东南部为煤矿，储量约2249万吨。另外，还有石灰石矿、黏土矿、铝土矿等，都具有较高的开采价值。[②]

张店，古称“黄桑店”，属龙山文化、大汶口文化蔓延地带，历史积淀丰厚。公元前284年，燕国大将乐毅伐齐有功，被燕昭王封于此地，建立“昌国”。公元前221年，秦始皇灭六国后，在此设昌国县。公元586年（隋开皇六年）废昌国县名，更名“逢山”。宋代，该地因地处交通要道，过往商旅多在此处栖身。其中尤以张氏客店门庭最大，客房最多，生意最为兴隆，遐迩闻名。于是，黄桑店之名逐渐被“张家店”取代。自金末元初以后，张家店已被

---

① 参见张店区档案局：《张店区2008年鉴——张店概况》，2017年10月6日，http://www.zhangdian.gov.cn/HTML/3017/ArticleView 3017_1_6070.html。

② 山东省淄博市《张店区志》编纂委员会：《张店区志》，中国友谊出版公司1991年版，第3页。

简称为“张店”，且日趋繁盛，俗有“商贾云集，日进万金”之说，在元、明、清三朝均为商业重镇。1955 年 4 月，张店区正式成立，属淄博市管辖。今天，张店已发展成为淄博市的中心城区，辖 6 个街道、6 个镇，全区总面积 244 平方公里，总人口约 64 万人。

中埠镇是张店区东北部最边缘的乡镇。它东接临淄区凤凰镇，西靠黑铁山，北临淄博高新技术开发区，南依 309 国道，东西长约 5.33 公里，南北宽约 4 公里，总面积为 20.47 平方公里。据《张店区志》记载，早在战国时代中埠便已建村：

> 因村址处铁山中部故名中部村。或说，战国时期，冶炼工人驻冶里村，管理机关驻黄金村，中部村居其中，故曰中部，后改中埠。①

今日的中埠镇辖 12 个自然村，总人口约 2.5 万人，境内有济青高速公路穿过，交通十分方便。该镇有较好的成矿地质条件，富产石灰石、磁铁矿石、铝土等，矿藏资源丰富，种类多，山东金岭铁矿是辖区内较大的国有企业。近年来，中埠镇大力实施农田基本水利建设，利用驻地金岭铁矿的工业冷却水、矿坑水灌溉农田，使 2000 多亩山旱田变为水浇地。中埠镇还逐步发展了养殖、林果、蔬菜等特色农业种类，使全镇人均收入逐年提高，并形成了中埠、孟家两大集贸市场和于家农贸市场。目前，中埠镇已经成为远近知名的工业重镇和特色农业小镇。

在孟家村村北约 3 公里处，有一座盛产铁矿的黑铁山，在当地十分有名。黑铁山，古时称为“商山”，或称“西山”，约于清朝嘉庆年间改称“铁山”，自 1937 年抗日武装起义起，被称作“黑铁山”。黑铁山属于鲁沂山系余脉，海拔 254.6 米，面积 10 平方公里，历史上曾被长期作为划分州、府、县的界标，为临淄、新城（桓台）、长山、益都等 4 县共领。

自春秋战国起，黑铁山一带就出产高质量的铁矿石，并由此造就了齐国冶铁业的兴盛。冶铁业的发展，既加强了兵器锻造能力，又提高了农田耕作效益；同时，炉神信仰在当地随之产生，并向周遭不断扩散。孟家村因炉神之缘与黑铁山产生了密切的关系：黑铁山上建有炉神姑庙宇，与孟家村的炉神姑庙遥相呼应，二者共同组成了当地炉神信仰的景观。

① 山东省淄博市《张店区志》编纂委员会：《张店区志》，第 50 页。

黑铁山

清末民初，黑铁山一带的矿产资源先后遭受德、日侵略者的疯狂掠夺。当地人利用黑铁山群山起伏、沟壑纵横的复杂地势，通过武装起义、游击战争等形式，与日本侵略者、日伪军、国民党反革命力量等展开了长期的斗争。譬如，1937 年 12 月举行的黑铁山起义。自 1984 年起，黑铁山抗日武装起义旧址先后被列为市级、省级重点文物保护单位，1995 年被中共山东省委确定为全省爱国教育基地，基地由坐落在张店区卫固镇铁山西麓的黑铁山抗日武装起义纪念馆、纪念碑、纪念壁组成。可见，黑铁山在当地已成为一个文化中心与历史地标，既有引人入胜的自然景观，又有底蕴厚重的人文景观，历史悠久的孝女炉神姑故事与近代可歌可泣的人民革命事迹共同汇聚于此，对周边村落产生了深远的影响。

二、村落历史

关于孟家村村名的由来，《张店区志》中有两种说法。一种说法是明朝初年，孟氏迁来立村，因村东有一条河流，称作“运粮河”，俗传为“海子”，故以姓氏和地势得名“孟家海子”，后称“孟家村”，人民公社时期称“孟家大队”，1983 年村改时定名为“孟家庄”。另一种说法是，该村原坐落于杨辛村西南角，原名“许家集”。明洪武大袭山东时，仅剩孟姓未被杀绝，遂迁于现村址。当时有孟海、孟阔兄弟称霸村内，人皆望而生畏，故把该村贬称“孟家海子”。①

孟家村村碑

孟家村村委会

① 参见山东省淄博市《张店区志》编纂委员会：《张店区志》，第52页。

两种说法均认为孟家村建村年代在明朝。其中，第一种说法影响较广，与村民口述的版本一致。第二种说法则被村民认为含有贬义色彩，因此在当地一般不被认可。而孟家村村头所立村碑对建村年代则有另一种说法，该碑文还对孟家村的历史变迁有一段较为详细的记述：

> 孟家庄坐于张店东偏北九公里，西有九顶山，并靠金岭铁矿专用公路、铁路，南临三潍公路，地处张店区东部边境，与临淄区接壤；金元时建村，村东地势低洼，积水如海，故名孟家海子村。东旧有炉神庙，元大德七年和清康熙、道光年间多次重修，殿堂巍峨，善男信女络绎不绝，香火繁盛，遐迩闻名，已毁。旧时村属益都县，庙属临淄县，抗日战争期间归桓台县，一九五三年划为淄川县，一九六五年划入张店区。一九四八年劳动人民翻身获解放，一九五四年实现集体化，耕地洼贫瘠而长期以农为主，贫困落后。一九七八年以来，在改革的潮流中迅速富裕，石料制砖、建筑安装、饮食服务兴旺发达，果园养殖成绩卓著，经济收入持续增长，村民精神振奋，为加速社会主义“两个文明”建设的进程而团结奋斗，开拓前进。[①]

碑文指出孟家村在金元时建村，与《张店区志》中的说法有出入。孟家村的原名“孟家海子”有着蒙古语的遗痕，在蒙古语中海子意为“水洼、湖泊”，这也符合过去孟家村“村东地势低洼”之特征。还有，村碑上说孟家村炉神姑庙在“元大德七年和清康熙、道光年间多次重修”，若以此推断，孟家村建村最迟应在元代。此后，由于地处特殊的地理位置，历史上孟家村曾经被划入不同的行政区划之中。

据村碑记载，1948 年孟家村获得解放，1954 年实现农业集体化。但是由于村中土地低洼、贫瘠，村民长期处于贫困落后的局面。1978 年改革开放之后，村里经济焕发生机，有了石料制砖、建筑安装、饮食服务、果园种植、禽畜养殖等产业，带动了村民收入持续增长。比如，村子依托淄博市外贸养殖场，大力发展肉牛、奶牛养殖业，在 30 亩(200 公亩)废弃土地上还建成 2 个养殖小区，已发展了养牛、养鸡、养猪等多种畜禽养殖。1990 年，村里投资 5 万元，建起了村委大院、文化大院。1994 年，孟家村恢复了“孟家三、八大

① 该碑初立于 1998 年 6 月，2007 年秋孟家村委重刻、重立此碑。

集”，使村里的商品贸易跃上新的台阶。现如今，孟家村围绕309国道、铁山路两侧大力发展商品、个体经济，个体商店现已发展到30家，有力地促进了全村经济的发展。

三、村落景观

(一)街　道

孟家村的主要街道由两条南北路、四条东西路组成，其中南北走向的铁山路是村里的主要干道，马路两边遍布着各种商铺，各类商品一应俱全，还有宾馆、餐馆、超市等，基本满足了村民日常生计之需。

十几年前，孟家村道路坑洼不平，尘土飞扬，垃圾成堆，村容脏乱，村民形象地称它为“晴天一身土，雨天一身泥”。2007年，中埠镇开展村容整治活动，孟家村村委借此引导村民美化家园，清理村中乱堆放的杂物、垃圾，并筹集资金30余万元，对村内两条主要干道进行改建、硬化，同时在道路两侧栽种了树木花草。如今走进孟家村，笔直的水泥道路贯穿到村里的各个角落，道路两旁种植着冬青、木槿、柳树、梧桐树等景观树木，房屋一排排整齐排列，红顶黄墙，很是漂亮。其中，村东南和西北两处还建起了红色的商品楼房。

铁山路

孟家村街道一角

(二)民居建筑

1949年以前,孟家村富裕人家的房屋多为四合院。它一般是由主房、耳房、厢房、配房、栏圈等建筑所组成。宅院坐北朝南,大门设在东南角。门前石阶高砌,俗称“拔台子大门”,进大门迎壁设“福”“寿”等字,过重门即为庭院。主房为中心,坐北朝南、居中三间,房基明显高于其他房间,室内安置八仙桌、太师椅、条几、书案、茶几、书橱,用来接待客人或供长辈居住。宅院东西两侧各有两间厢房,一般西屋做厨房,东屋住晚辈。南屋配房三间,且与主房相称,供居住或仓库之用。宅院西南角设栏圈、厕所。倘若家屋或院墙正冲着马路,则要立一块“泰山石敢当”石碑,以镇压一切不祥之邪。

村中泰山石敢当石碑

孟家村的老房子

家境较为困难的人家，住房虽与四合院样式相似，但仅为土坯草房，建筑较为简陋，用料也差，一家老少几代混合居住，拥挤不堪。土坯草房砖石砌基，基础高度为0.3～0.5米。土坯垒墙，掺用少量石灰、块石或少量的砖。屋顶以草木为主，一般用麦穗泥装饰，条件好的采用石灰泥墙，属土木结构。土坯草房跨度为3～4米，开间为2.5～3米。稍富裕的家户用青砖镶门窗、砖挑檐。屋为起脊两面坡，5～7根檩条，铺高粱秸或苇箔，抹麦泥找平后，用麦秸做顶层，屋脊压草辫或脊瓦。室内铺设土炕，炕有烟道，冬天灶通炕(俗称"隔山掏火")，老幼团居一炕。

1949年以后，孟家村的房屋格局并没有多大变化，只是跨度、开间、屋高稍有增加，质量略有提高。20世纪60年代，村里建房的主要变化在于门窗，粗糙的木板门改为镶玻璃的轻型木门，木格窗改为明亮的玻璃窗。20世纪80年代初期，随着建房户增多，政府实行规划建房，宅基地要审批，一般人家的宅基地占地面积不超过3分，以东西长、南北短、长方形为标准，只能划出4间北屋。因此，村民开始改建出前厦的锁皮房。这种房屋建筑平面呈"同"字形，砖墙缸瓦顶，水泥抹平地面，主房为东西长方形，居中央，中间出厦，称"锁皮厅"。厢房为南北长方形，列于两侧，房门设于厦内，近似于走廊式的

单元式建筑。中间主房作客厅,其他房间可作卧室或储藏室。院内厨房、栏圈和院门各占一边。大门设在东南角或西南角,院门多建成小门楼式。

四、村落生活

(一)日常饮食

1949年以前,孟家村人的主食以高粱、谷子及其他杂粮为主,习惯做"窝窝头"。由于生产水平较低,又灾情不断,人们生活难以为继,经常是"半年糠菜、半年粮"。中华人民共和国成立初期,地瓜、玉米成为主食。三年困难时期(1960～1962年),村民为了生存,各种野菜、树叶、树皮、草根、地瓜秧、玉米芯等都用以填腹,对此很多村民仍有深刻的印象。进入20世纪80年代,人们生活水平逐步提高,面粉成为主食,各类面食花样众多,有馒头、锅饼、火烧、花卷、水饺、蒸包、面条、单饼、菜饼、油条、油饼等。有时村民会用玉米兑换大米、地瓜调剂口味。

在过去,孟家村一般家庭人口较多,吃饭时大人围桌而坐,小孩子每人拿个干粮,盛一碗菜,或者拿块咸菜,随便找地方或蹲或站着吃饭。冬天,则一家人围着锅台或炕炉子,边取暖边吃饭;夏天晚上,一家人在院子里摆开一张小饭桌,围在一起吃饭。春秋季节农活忙时,男劳力在外干活,为了节省时间抢耕抢种,妇女们做好饭送到地头。家中来客人时,村民一般根据家庭条件尽力招待好,要让主客坐八仙桌上首椅子。现在来客人一般会在饭店招待。

(二)日常礼仪

孟家村是一个注重礼仪的文明古村落,民风淳朴,村民注重礼节,崇尚节俭,勤劳持家。近几年,村里治安情况颇好,几乎没有偷盗现象,甚至连门都不用上锁。邻里关系和睦,互帮互助,极少有打架、寻衅的现象,与外村的关系也比较和睦。

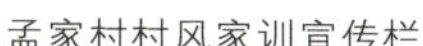
孟家村村风家训宣传栏

孟家村很多家庭仍然沿袭着“男主外，女主内”的传统，妇女是孝顺老人的主要力量，也是炉神姑信仰的主要群体，因此在炉神姑及其“孝”文化的熏陶下，村民恪守孝悌之道，对家中老人孝敬有加。此外，村集体对老年人也比较照顾，除了政府每月发的60元养老金之外，该村对60岁以上的老人也给予50元补助。家里老人过生日，很多村民都会去饭店里摆几桌。老人教育子女时，也往往以炉神姑事迹为例子。总之，炉神姑及其“孝”文化已经深深根植到村民的思想观念与行为实践之中，时刻影响着他们的日常生活。

（三）村落信仰

孟家村的信仰体系较为单纯，以炉神姑信仰为主，兼及其他神灵崇拜和祖先信仰，极少数村民信奉基督教、天主教。

炉神姑信仰是村民最普遍的信仰，信众以中老年妇女居多。村东北角的炉神姑庙是当地的信仰中心，每年举办四次大型庙会，均匀分布于一年之中的四个季节，每次皆热闹非凡，对村民生活影响很大。

村西头原有一个土地庙，“破四旧”的时候被拆除，以后并未续修。一部分村民家中供奉有观世音菩萨、泰山奶奶、财神等，平时烧香祭拜。逢年过节祭拜天爷爷、灶王爷以及各自的祖先。

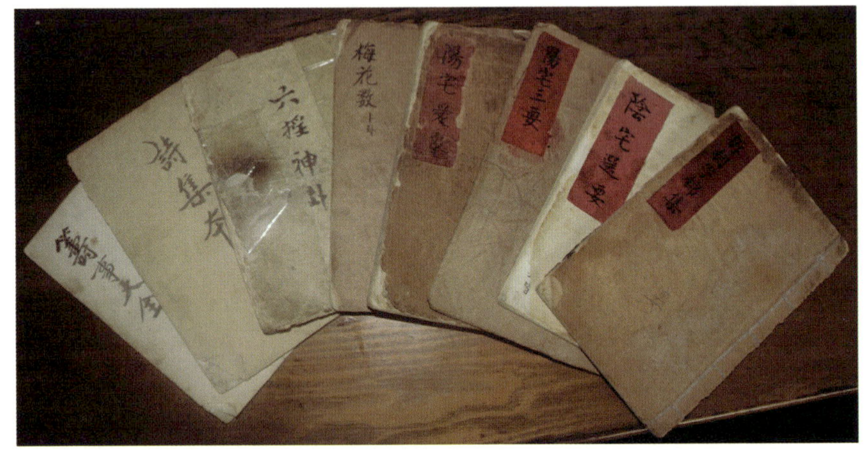

村里人收藏的经书

中埠镇边辛村在清朝同治年间建了一所天主教堂，周边村庄受此影响，不少人信奉天主教。孟家村也有个别的村民信奉天主教。该村村民认为，信天主教的人就不能信炉神姑，也不允许参加炉神姑庙宇的信仰活动。与周边村庄相比，孟家村信奉天主教的人数较少，这与该村炉神姑信仰根深蒂固不无关系。

现如今，孟家村的生活发生了翻天覆地的变化。但由于孟家村村民外出打工的地点基本都在村落周边地区，因此它并未像处于社会转型中的众多其他村落一样，变成只剩留守老人和留守儿童的“空巢村”。年轻人一般住在孟家村附近的城南小区的楼房，而老人们则多留守在村里。正是由于构成村落主体的人依然存在，这使得孟家村民在生活方式发生改变的同时，其内部的血缘、地缘等传统因素并未遭到实质性破坏，其作为一个传统村落的“本质”仍在，这也是炉神姑信仰在此地绵延不衰的重要因素。该村原以农业为主，而且经济并不发达，在改革开放以后，随着社会变迁以及经济的迅速发展，孟家村经历了许多变化，深厚的传统农耕文明和迅速崛起的工业文明在此发生了剧烈的冲撞，并在一定程度上相互影响、融合共存。在这样的环境中，关注孟家村的发展现状，也具有更为典型的时代意义。

第二章
农耕生产

孟家村人世代以农耕为生，但村中耕地低洼、贫瘠，导致村民长期处于较为贫困的生活境况。村里土地都分布在东部，10年前可耕土地约960亩(64公顷)，人均土地接近1亩(约667平方米)；近几年由于工业建设占据良田，村民人均可耕地仅半亩(约333平方米)左右。村里种植的粮食作物有小麦、大豆、花生、高粱、小米等，而以小麦和玉米为主。该村机械化程度较高，所种粮食大多自给自足，少量富余部分流入市场。村民10年前曾种植果园，后来随着土地的锐减而消失。

一、气象物候

气象与物候对村民生活的影响是不言而喻的，它们决定了当地种植的物种及其生长节律。孟家村属北温带半干燥大陆季风气候，温度适宜，光照充足，热量较多，雨水集中。此外，季节变化显著，四季分明，即春季干旱多风，夏季炎热多雨，秋季天高气爽，冬季寒冷晴燥，日温有明显差异。

春季　一般从3月上旬开始，到5月底止，长约70天。这一季节，多西南风，偶尔有沙尘天气；气候干燥，降雨较少，有“春雨贵如油”之谚，时常发生春旱，对农作物播种和生长影响较大；气温多变，回升较快，时有“倒春寒”“晚霜冻”等灾害发生。

3 月初，柳树、桃树、毛白杨等嫩芽萌动，小麦返青；中旬，毛白杨、榆树开花；下旬，柳树展叶、开花，苹果树发芽，壁虎出蛰。4 月初，毛白杨、榆树展叶，蜜蜂出巢，燕子归来，大雁北飞，越过天空；中旬，桃树、苹果树开花，小麦拔节，梧桐萌动，布谷鸟鸣；下旬，枣树开始发芽，榆钱脱落。5 月初，小麦抽穗，扬花，灌浆；中旬，枣树开花，玉米开始套种。

夏季　始于 5 月底，止于 8 月底，约持续 100 天。这一季节，雨量集中，高温高湿，时常出现雷雨、暴雨、大风、冰雹等灾害性天气，是一年中灾害天气最多的季节，也是一年之中降水量最多的季节。不过，有的年份还出现低温连阴雨天气，当地有“麦熟蚕老离不开棉袄”之谚。

6 月，桃树果实开始成熟，小麦收割，蝉始鸣，壁虎开始繁殖。7 月底，玉米抽穗扬花。8 月，苹果、梨开始成熟。

秋季　一般从 9 月初到 11 月上旬，长约 75 天。这一季节，天高气爽，气温快速下降，早晨、傍晚和夜间气温很低，中午气温较高，有时达 30℃，俗称“秋老虎”。若遭遇寒潮入侵，则气温骤降，俗语有“一场秋雨一场寒”的说法。秋季降水减少，地表水分向上蒸发和向下渗透快，当地俗语“秋地如筛”，故常出现秋旱，影响秋季作物生长和小麦播种。但有的年份，北方冷空气迟迟不来，暖湿空气仍在盛行，造成阴雨连绵的天气，人们叫这种雨为“秋傻瓜子”。10 月，可见初霜。11 月，可见初雪。

9 月上旬，玉米成熟，燕子南飞；中旬，枣子成熟；下旬，小麦播种，布谷鸟飞走，猫头鹰冬眠。10 月初，蜜蜂入眠；中旬，苹果树、枣树落叶；下旬，桃树、毛白杨落叶，大雁经本地南飞，青蛙蛰伏。11 月初，梨树落叶。

冬季　一般始于 11 月上旬，终于次年 2 月底，长达 120 天。这一季节，气候干燥而寒冷，雨雪稀少，偏北气流盛行，多刮北风或西北风，有“大雪不封地，不过三五日”的说法。从 12 月下旬开始，雨雪天气增多，日照时数减少。1 月份为境内最冷月。季降水量为全年最小。近年来，受全球气候变暖的影响，时常出现“暖冬”现象。

11 月中旬，梧桐落叶；下旬，柳树落叶。12 月、1 月进入冬季，青蛙、蛇、壁虎等开始冬眠。2 月下旬，榆树发芽。

二、生产习俗

孟家村人在长期的农业生产实践中，根据土地、气象、物候等条件，形成了自己的一套农耕生产习俗。比如，生产劳作以家庭为单位，黎明下地，日落回家；早饭、午饭一般由妇女做好送到地头；进地前，地头稍息，俗称“插趟”，一天劳作之中上午、下午各休息一次，叫“一盼子活”；锄地讲究“换架”，挑担要“换肩”，刨地按“五花”，等等。此外，扬场、上垛、提耧、扶犁、傍牛、收粪、拌粪、剜高粱穗、捆麦秸等，样样都技术活儿，都有特殊的讲究。

（一）农作物

作物种植直接关乎村民的温饱与生计。孟家村历史上种植的农作物分粮食作物和经济作物两类。粮食作物的主要品种有小麦、玉米、谷子、高粱、大豆、地瓜等；经济作物的品种主要有棉花、黄烟、芝麻、花生等。此外，村里还种植白菜、黄瓜、西红柿、茄子、辣椒、菠菜、豆角、萝卜、南瓜、丝瓜、大葱、冬瓜等蔬菜。

小麦是村民种植历史最为悠久、种植面积最广的粮食作物，玉米次之。1912 年以前，谷子是当地主要粮食作物，种植面积仅次于小麦和玉米。谷子多为春播，产量较低，1949 年之后被视为“低产作物”，种植面积锐减。高粱曾是当地的主要粮食作物，其秸秆又是村民建房的好材料，所以，20 世纪60 年代以前，当地普遍种植高粱。后来随着人们生产条件的改善和一年二熟制的大面积推广，高粱种植面积逐年下降。大豆有春豆和夏豆之分，既

大街上晒玉米

是粮食作物，又是油料作物，村民种植历史悠久。1949 年之前种植面积大，目前村中只有零星的种植。地瓜是 1949 年之后在村里迅速推广的作物，它产量高、口感佳，适应当地的气候条件，种植面积巨大。后来，随着小麦、玉米的增产，地瓜种植逐年减少。

(二)传统农具

孟家村世代以农耕为生计之本，农业生产工具种类繁多。1949 年以前，村民在耕、耩、锄、浇、收割、脱运以及加工等农业生产工序中全靠畜力人力，使用简单的传统手工农具。孟家村曾使用过的传统农具种类繁多，若以作业名称分类，主要包括下表中的类别。

传统农具名称

序号	作业名称	传统农具
1	耕种类农具	犁、耢、耙、锨、镢、耧、榔头、砘子等
2	灌溉类农具	水桶、辘轳、斗子水车、鸳鸯罐、手摇水车等
3	锄耘类农具	锄、耘锄、耠子、小镢等
4	收割打场类农具	镰刀、剜刀、碌碡、扬锨、木锨、扬簸箕、扇车、扫帚、木杈、排杈、铁叉、竹筢子、苫子、推耙、推板、拉耙、大耙、二齿等
5	运输类农具	平车、木轮大车、手推车、二把手车、三轮车、地排车、马车、拖车、扁担、篓子、抬筐、挑筐等
6	加工、贮藏类农具	石磨、石碾、铡刀、轧花机、纺车、织布机、笸箩、簸箕、石箩、麻袋、布袋、囤、缸、擢子、苇席、苇筐等

现将孟家村主要的传统农具介绍如下：

犁 一般为木辕犁，犁弓原为木制，后改为铁制，犁底装有铲头，耕地时人扶把，用 2～3 头牲畜牵引，每天可耕地四五亩。

耢 多以藤条或荆条编织在长方形木框上，由畜力牵引，用于碎土、平整土地；后来，荆条改换为铁齿，便成了铁耙。

耙 与耢形制相似，为长方形木框，长约 2 米，宽约 1.2 米，方框内沿长轴有两条耙梃，耙梃上装有斜向木齿或铁齿，上钉八字形平梁，俗称“踩脚”，一般用两头牛牵引，作业时人站在踩脚上，两腿交替用力以增加滑动幅度；在农业机械化之前，耙一直是碎土、平畦或拢梳柴草、破碎粪土等的重要工具。

锨 有木锨、铁制平锨、尖锨等种类，用于翻地、装卸、拌种、扬场等。

镢 村民家必备的生产工具，一般为木柄铁头，分为大镢、半镢、小镢。大镢用于刨地、扶瘠、跳畦；半镢用于灭茬，刨地瓜、萝卜、花生等；小镢用于点播打穴、开沟等。

耧 传统的播种工具。旧式木耧分两种：一种叫“独脚耧”，多用于播种棉花、玉米，或追肥划粪；第二种是双脚耧，又叫“双腿耧”，多用于播种小麦、谷子、高粱、大豆等。两种耧均用畜力牵引。

榔头 主要用来敲碎地里大块的土坷垃。

砘子 由木质框架套住圆形石轮构成，分单砘和双砘，多用于谷子、高粱、小麦播种后镇压保墒。

辘轳 一种用架子固定在井口上的提水工具，由支架、辘轳头、井绳、水桶等构成。辘轳头在井口正上方，上绕井绳，井绳一端系水桶。使用时，转动摇把任辘轳头飞快旋转，待水桶掉入井里，顺着原方向转半圈让井水进入水桶，然后反方向将水桶摇上来。

水车 又称“翻车”，外形类似古代的车轮，体积庞大，是一种用于灌溉农作物的工具。水车由辐条、水斗和刮板构成，每根辐条的顶端都装有一个水斗和刮板。使用时，借助水力、人力、风力或畜力转动辐条，辐条上的刮板将水刮入水斗，待水斗装满水被逐级升到最高处时，水斗自然倾斜将水放入渡槽，由渡槽将水引入农田。

鸳鸯罐 一种打水的工具，由两只水罐、两只摇把、一个木轮和支架组成，两只水罐左右各一只，系于木轮上绳索的两端。使用时，手持摇把转动木轮，使一只水罐先掉入水底灌满水提至井口，自行倒入，随之另一只水罐自然落入井底灌水，然后反方向操作，如此循环。该种工具虽现在已不使用，但村民对此仍有较深记忆。

锄 按个头大小，分大锄、半锄和小锄。大锄用于灭茬；半锄用于除草

及松土保墒；小锄用于间苗、清除杂草、菜畦松土等。锄是种田户家家必备的工具，至今仍然经常使用。

耘锄 普遍使用的中耕工具，木把铁头，用于灭茬、松土、除草等。

耠子 多用于农作物长出后进行翻土，使土变得松软以利于作物生长。

镰刀 村民使用时间最长的收割工具，分为长柄镰、短柄镰。短柄镰用于割草，饲喂牲口，长柄镰用于收割庄稼。机械化以后，镰刀使用越来越少，仅用于收割田边地头的零散庄稼。

剜刀 长约10厘米，宽约5厘米，一侧开刃，不开刃的一侧镶于圆木上，以便于把持。剜刀用于剜割高粱穗。使用剜刀时十分讲究技巧，须左手反抓高粱穗，颠倒排列于小臂上，右手持剜刀，用力滑动将秸秆削断。十余穗为一撮，排于地上，以利捆缚。随着高粱种植被淘汰，剜刀不再使用。

碌碡 常用来碾压小麦、大豆、高粱等谷物进行脱粒的农具，主体为圆台状石头，中间略大，两头稍小，外套以木桲，桲由横梁、边梁和圆木销子组成。使用时，将碌碡置于平场的谷物之上，借助人力、畜力或拖拉机牵引，在场上按一个方向来回碾压谷物，使谷粒脱出。

扇车 也称“扬谷器”，用于将谷物中的瘪粒、糠壳及杂物清除的一种农具。扇车主要由梯形棱台投料斗、圆形封闭叶轮、摇柄、车架等部分组成。使用时，一人投料，一人摇把，箱体内形成的风力就会将瘪粒、糠壳等轻盈的物体吹出，而饱满的谷物则从下边的出料口流出，从而将谷物与杂物分离。

石磨 用畜力或人力把大豆、小麦、稻米等粮食作物研磨成浆、粉的一种石制工具，分为水磨和旱磨。石磨通常由两片带有纹理的圆石组成，上磨片边缘留有一孔用于放入粮食。操作时，推动上磨片以逆时针方向推转，粮食由孔进入到两片圆石中间，在两片圆石的强大摩擦作用下，形成粉末或水浆。水磨是山东孟家村村民用于制作煎饼的重要生活工具。

石碾 一种用于碾脱谷壳、碾磨小麦的生活工具，主要由碾盘、碾碌碡、碾槽和碾架等组成，碾碌碡被固定在碾架上。村民在使用时，用人力或畜力按逆时针方向推动碾棍，一人往碾盘上放粮谷并不断用扫帚摊拢粮谷，凭借粗粝坚硬的碾盘和碾碌碡将粗糙的粮谷碾磨成粉末。

铡刀 一种用来切割草、秸秆喂养牲畜的工具。铡刀主要由木制砧板、刀片和铁销子组成，铁销子将刀片的一端与木制砧板的一端连接起来。使用铡刀时需两人配合默契，一人坐在铡刀一侧用手将秸草放入木制砧板上，另一人则站在正上方手握刀柄用力向下切，放上的秸草便应声而断。

平车 又称“土车”，除车轮用塑胶材料制成之外，其他均为木制而成。车盘为长方形的平面，向外延伸有两根车手，三面围有木板。使用时，可在车手处系一条襻带，置于脖颈上，以减轻手臂用力。

大车子 又称“二把手车子”，是一种由木头制作而成的独轮运输工具。主要使用牲口等畜力拉动，一人扶把看路，一人握把掌舵。该种车型运输量大，但是较为笨重，不够灵活。

手推车 一种使用人力拉动或者推动的运输工具。手推车由车盘和车轮组成，因轮子的个数而分为独轮车、两轮车或三轮车。独轮手推车体积最小但最为灵活，两轮手推车最为普遍，三轮手推车最为平稳且装载货物多。

三轮车 我国北方常见的一种交通工具，其构造与自行车相似，前面是一个可以控制方向的车轮，后面是由两个车轮支撑的车厢。三轮车驾驶轻便灵活，极大地方便了村民出行和运输货物。

地排车 一种主要由木头制作而成的运输工具。车盘一端延伸出两根车手，两侧有护栏，车底中部有一横轴，左右各一个车轮。使用时，既可拉车手也可推车手，同时，车手一端还可系一条襻带，拉车时将襻带套于肩头较为省力。两旁的护栏，既可防止物品掉下，也可有一人助推。

马车 用马、骡子或牲口等畜力拉动的车子，用来拉货或载人，载运量大，备受欢迎，是我国北方村民出行的重要交通工具。马车由车厢和轮轴组成，主要为两轮马车。

秋收玉米

1949年以后，随着农业生产的发展，传统农具发生了深刻的变化，旧农具不断改革，新农具开始运用，如播种机、喷雾器、玉米脱粒机、点播器等。改革开放以来，随着机械化的推进，多数农用工具已被现代化农业机械所取代。

(三)耕作制度

1949年以前,孟家村村民多种植高粱、谷子、小麦、地瓜等粮食作物,一年一作。中华人民共和国成立后,随着作物门类的齐全和农耕技术的进步,耕作周期逐步发展为二年三作、一年二作等多种作物轮作制。二年三作制,即第一年春天种植高粱或谷子,秋收后播种小麦,次年夏天麦子收割后种植大豆、玉米等,秋收后再种晚茬小麦,谓之"改茬"。20世纪70年代后,当地政府逐步推行一年二作制,即小麦收获之前套种夏玉米或早熟大豆等,夏玉米或大豆收获后再种小麦,这种做法可以收到一年二熟产量高的效果。

此外,村里过去还有间作或套种的耕种习惯。如谷子地里种高粱,以谷为主;棉花地里种芝麻,以棉花为主。其他间作的作物还有:玉米和大豆,地瓜和玉米,小麦和菠菜,地瓜和高粱,地瓜和谷子,等等。就套种而言,过去常见的有玉米地里套种大豆,小麦的畦脊上套种玉米,等等。

(四)农耕技艺

耕地 孟家村旧时用木犁和镢刨耕地,当前多用铁犁和耕耙翻地,一般在播种前、中耕或收获后进行耕地。耕地分为春耕、夏耕和秋耕。春耕要浅,秋耕要深,一般深24～30厘米;夏耕在夏收之后,但迫于农活紧张或者田间还有其他作物不便耕地,因此夏耕通常略去,只做灭茬处理。

耙耢 田地耕过之后,要耙耢1～2次。但冬闲地块,冬耕后不耙,使其充分暴晒,以促进土壤风化、疏松,保持水分,消灭杂草和病虫害。

起垄、整畦 土地耕耙后,在豆类、蔬菜类、薯类栽种前需要起垄或整畦。使用畜力或拖拉机拉动铧犁,一人在后面扶稳,铧犁划过之处,中间低洼,两边高起,形成一道沟;掉过头来与之前的沟平行划出另一道沟,沟与沟之间便起一条垄或畦。要求垄型肥胖以便栽种,垄沟窄深以便浇水。

中耕、镇压 中耕即对土壤进行翻倒,以达到表层土壤松动的效果。镇压是指将播种后的田垄压紧,以便种子吸收水分与养分。中耕、镇压的次数、时间因农作物的种类、土壤状况及杂草情况而有所不同。麦田在浇水或降雨后要及时进行中耕松土;高粱、谷子在播种后,要随即用石砘镇压,保墒、防旱、促其早发芽。小麦返青前，用碌碡镇压，提高地温、压碎坷垃，以利小麦返青、生长。

秋收后的土地

三、村落经济

孟家村现有1000余人，该村原以农业为主，村民生活较为贫困。改革开放以后，孟家村经历翻天覆地的变化，传统的农耕文明和迅速崛起的工业文明在此发生了剧烈的碰撞，并在一定程度上互相影响、融合共存。

孟家村附近有很多厂矿企业，如金岭铁矿集团、煤场、钢管厂、纺织厂、塑料厂、水泥厂、陶瓷厂、砖厂、自来水公司等。这些厂矿企业占用了孟家村的大部分土地（每亩土地每年支付1000元左右的使用费），使得村落耕地锐减，村民人均可耕地由过去的1亩变成了现在的半亩左右。同时，这些工矿企业吸引了大部分村民进入工厂打工，将农业劳动力转化为工厂劳工，进而改变了村民传统的"日出而作，日落而息"的生活方式。

孟家村大集

随着耕地的减少、农业技术的发展(如现在有了灭草剂之类东西,种地已不需要牵扯过多精力了),本村许多中年妇女也在村里的企业打工赚钱。金岭铁矿位于孟家村以北约 1.5 公里处,在金岭铁矿上工作的一般月收入为 2000 元左右,在当地算是不错的收入。

第三章 岁时节日

传统节日按农历行事，沿袭千年，约定俗成，根深蒂固。20世纪50年代以后，历经半个世纪的破除封建迷信与移风易俗的强大改革，一些与人们生活距离较远的节俗已经逐渐消亡。“文化大革命”期间，一些传承千年优秀节俗也被列为“四旧”，遭到硬性禁止和批判。那些年，除允许过“革命化的春节”以外，几乎没有了节日。改革开放以来，民间节俗文化得以恢复。同时，又形成或外来一些新的节日。

一、过大年

春节是我国农历的年节，标志着年岁的新旧交替。在鲁中地区，真正意义上的春节，一般是从灶王爷升天的这天——腊月二十三揭开序幕。腊月二十三俗称“过小年”，从这天起直到正月十五元宵节的一段时间，被称作“阴历年”“过年”“过大年”或“大年下”。孟家村人过大年也遵循此时段，除继承了中国传统春节的主要节俗，还具有自身的地域特色。

过小年　腊月二十三，俗称“小年”。是日晚上，村民家家辞灶，也叫“送灶王爷上天”。村民普遍认为，哪家都有灶王，不管你贴不贴灶王像，都是有灶王的。灶王爷在家里辛苦一整年，到年底要上天庭向玉皇大帝汇报这一年情况。所以，孟家村人对辞灶十分重视，也十分讲究。

村民多在家中厨房灶台上方张贴灶王爷爷和灶王奶奶的神像，神像是从集市上买的年画；神像上方张贴黄色的门签，显示了灶王爷一家之主的尊贵地位。有的人家还设有神龛，神龛两边写有对联“上天言好事，下界保平安”。

以前，每到小年这天晚上，村民就在厨房里灶王爷画像前置供桌，上摆三样供品——饺子、糖瓜、凉水，此外还要上三炷香。三样供品一般会象征性地拿到灶王爷面前比划比划，意为请灶王爷吃，村民将这一过程称为“供养”。供养过后就将灶王爷画像揭下来，连同纸钱一起烧掉，意为送灶王爷上天，烧的同时一般会念叨这样一句话：“灶王爷，灶妈妈，一年一当家，上天言好事，下地带吉祥。”上供的糖瓜是用麦芽糖做的，非常黏，一般为圆形，外面黏着芝麻，此举意在把灶王爷的嘴黏住，让他上天言好事，少说是非话。过去的时候，辞灶还会用到灶马，即用麦秸秆扎成马的形状，同灶王爷画像一起烧掉，意为灶王爷骑马上天。村民说现在辞灶则基本不用灶马了，摆的供品也逐渐简化，大都是摆上水饺、馒头、菜以及水果等，随个人意愿，一般摆上三个碗。在当地，旧的灶王爷像烧掉，新的就马上挂上。但辞灶讲究全家团圆，倘若腊月二十三这一天有家人外出未归，则不辞灶，推迟到除夕这一天再辞，意即不能把外出家人辞到外面。

忙年　过了腊月二十三，就进入了忙年的阶段，村民开始打扫卫生、赶年集、置办年货、送年礼，年味一天比一天浓。出门在外的人也陆续赶回家中，与家人团聚。

从腊月二十四开始，孟家村人就开始“扫尘”，即年终大扫除。按照他们的说法，“尘”与“陈”谐音，扫尘就是要把一切“穷运”“晦气”等统统扫地出门，“除陈布新”，表达的是人们破旧立新的强烈愿望和辞旧迎新的美好祈求。

孟家村人置办年货，男人们忙着买鱼、买肉、买鞭炮、置办烟酒、青菜等，女人们则忙着做衣服、蒸馒头、做年糕等。过年期间的年货一定要备足、备全，除了本家人使用之外，还要招待客人。一般情况下，正月初十前不再置办主食、酒菜。所置办的年货都有美好的寓意。如：蒸年糕，取意“年年高”；买肉买鱼，象征年年有余；做豆腐，借谐音“兜福”；添置新碗筷，寓意增人口；理发洗澡，穿新衣，戴新帽，以示辞旧迎新。

除夕　等把一切布置妥当、准备充足，辞旧迎新的时刻也就到来了。除

夕，也叫“除日”“大年三十”，为一年的最末一天，也是年节中最忙碌的一天。主要的活动有贴春联、请祖先、敬天爷爷、吃年夜饭、分压岁钱、守岁等。

是日，家家掸尘洗扫，整旧布新。午后贴春联、“门钱”。旧时，素有大门贴“门神”、中堂挂“财神”之俗，以此表示人们对生活的希冀和追求。家族中的长者要把家谱(上面写着亡者姓名及享年)挂到堂屋中间，备好香炉、鞭炮等物，到黄昏时开始请祖。一般由子孙到村头跪下，一边烧纸，一边念叨：“爷爷、奶奶，回家过年了。”烧完纸便起身回家。来到大门前，再烧纸，鸣放鞭炮，面向大门叩头，并念叨：“爷爷、奶奶回家过年了，请门神让路。”孟家村的大家族，如孟、毕、逯等姓氏比较注重，一般会在年前去村西头的公墓上祭拜祖先。把祖先请进家门以后，在门里放一根棍子或玉米秫秸，称作“拦门棍”。此举是为了拦住外面的孤魂野鬼，不让其进入家中。

在村民的心目中，老天爷是天地间最大的神，人间一切事情都归他掌控。所以，每当过年的时候，孟家村家家都要举行“敬天爷爷”的仪式。届时，村民在院子里摆上供桌，供桌上摆满供品，中间供奉着老天爷爷的神像，磕头烧纸。各门旁也插上香，并焚烧纸钱。

除夕之夜，家家灯火通明，彻夜不眠，称之为“守岁”。旧时守夜，禁忌喧哗，忌说不祥之语。现在多聚在一起吃年夜饭、观看春晚，长辈向晚辈分发压岁钱。午夜时分，鞭炮齐鸣，烟花绽放，煞是好看。

孟家村过年还有一个特殊的习惯，即不能吃牛肉和狗肉。据村民讲述，不吃牛肉是因为铁山上的铁牛，与炉神姑有关；不食狗肉则是因为狗腥气，吃了它意味着穷。

拜大年　初一一大早，人们不等天亮，五更即起，穿上新衣，燃放鞭炮，全家人一起吃顿饺子，一般为素馅的，寓意一年之中“素净”。饺子要多煮，确保食后有余，寓意年年有余。随后成群结队，串户拜年，先直系，后近族，再乡里，见面要说“过年好”“恭喜发财”“起得早吗”之类的吉利话。主人皆以烟茶、糖果、瓜子、花生待客。直系长辈一般要给子孙们压岁钱。以前拜年兴磕头，现在已经很少有磕头的了。近几年来又兴起了打电话、QQ 聊天、微信视频或发信息拜年，等等。

走亲戚　初二一般是女婿看望岳父母的日子，尤其是新婚的女婿过年第一次去岳父母家更是热闹。即便是年龄大了的夫妇，自己行动不便，也要

打发孩子去给外祖父母拜年。若有特殊情况也应在年初五以前走完丈人家。此俗至今未变，仍然是孟家村过年期间最重要的活动之一。

初三起，就要到姑姑、姨等其他亲戚或朋友家拜年。先走新亲，再走老亲。走亲戚所带节礼几十年来变化很大，从20世纪五六十年代的馍馍、挂面、饼干、点心，发展到今天整箱牛奶、酒或营养品。亲戚多的要走到初七八。当地有俗语说："走亲戚走在初二三，馍馍也鲜肉也鲜；走亲戚走到初五六，也有馍馍也有肉；走亲戚走到初七八，扭着胳膊往外拉。"意思是说走亲戚要趁早，初十之前最好要把亲戚走完。

圆年　正月初三要"圆年"，过去认为，请天爷爷在家过了三天年，初三要放鞭炮，焚纸烧香，送天爷爷上天。这天早上全家吃水饺。

正月初五　初五，又称"五马日""破五"。旧时，此日同春节一样，要供奉天地神灵，烧香焚纸，放鞭炮，寓意五谷丰登，晚上要吃一顿饺子。现在只吃一顿水饺了事。

元宵节　正月十五为元宵节，当地俗称"十五""正月十五""过十五"，是过大年中最后的一个隆重节日。这一天村里张灯结彩，家家吃元宵和水饺，寓意全家团圆。晚上要放鞭炮、烟花，好不热闹。过去的时候，还有"扮玩"的文艺活动。

二、四时八节

二月二　当地又称"填仓日""龙抬头"。旧时，这一天家家要早起打囤，即在院内用锅灰撒成圆圈，圈内放豆、谷、杂粮，这叫"五谷囤"，象征五谷丰登。节前做芝麻面饼，切成棱形碎块，文火烘干，名为"旗子"；干炒大豆，俗称"炒蝎豆"，取炒死蝎子之意；全家分食或送人。"二月二，龙抬头"，象征着春回大地，雨水增多，适宜耕土，农家生活燃起了希望。

清明节　清明节的前一日叫"寒食"，寒食前一日叫"一百五"。因三日相连，习俗逐渐合为一体。旧时家家清明节到墓地祭祖，并往坟头上添加新土，寓意给祖先修缮房屋，也表示后继有人。清明时节，天气由寒冷逐渐转温暖，草木萌动，春意盎然，有踏青、放风筝、荡秋千、煮鸡蛋、碰鸡蛋等风俗。中华人民共和国成立后，清明节除保留祭祖、踏青等旧有习俗外，还增加了祭扫革命烈士墓、缅怀烈士的新习俗。

端午节 农历五月初五,俗称“端午”,又称“端阳节”。旧时,这一天家家门旁或窗户上插艾,意在驱五毒(蝎子、蜘蛛、毒蛇、蛤蟆、壁虎)。以黍米做粽子、黏糕,亲友间互赠粽子,取其谐音“增子”。儿童腕系五色线,用意镇邪除恶,免受惊吓;节后落第一场雨时,将线剪断投入雨中,传说可以“化龙而去”。妇女胸戴香荷包,娘家人看出嫁的闺女。

半年节 农历六月六是半年节,这一天,用新麦面粉蒸馍馍、包水饺或擀面旗,祭祀老天爷爷和祖先,意在报答老天爷恩赐夏季丰收,并让祖先尝鲜。另外,六月初六,时当炎夏,把小麦炒熟磨成面粉,和枣泥或糖以凉开水拌了吃,可以驱暑降温,俗称“吃炒面”。

夏至 夏至虽不是节日,但本地有“冬至包子夏至面”之说。从夏至开始,进入一年中最炎热的季节,中午大部分村民喜吃凉面。

七月十五 农历七月十五是中元节,俗称“鬼节”,是上坟祭祖的日子。旧时,这一天家家设家祭祭祖(人死不满三年为坟祭,三年之后为家祭)。傍晚时分,要请五谷神,即拔五谷(高粱、谷子、大豆、芝麻、黍子)各一株,用小儿戴的五色线捆在一起,放于堂前。祭毕,将“家前”送走,置“五谷”于大门顶上,寓意神和祖先保佑五谷丰登。20 世纪 50 年代后,在家或到郊外祭祖,家家煎“馅食”,而“拔五谷”之俗已被彻底废除。

中秋节 又称“团圆节”,俗称“八月十五”。节前,出嫁的女儿要给娘家送节礼,亲友间互赠月饼、水果等。节日当天,媳妇回婆家,外出者归,家人团聚,户户食月饼,晚间露天对月摆供,称“祭月”。供毕,备置酒菜、月饼、水果等,合家欢宴赏月,谓之“圆月”,以示全家团圆。亲朋好友也有借此聚餐畅饮的。

重阳节 农历九月初九是重阳节,旧有饮菊酒、吃花糕、插茱萸、登高等风俗。现在这些风俗已废弃,重阳节变成了孝敬老人的老人节,村里有时会给老年人发放福利。

十月一 农历十月初一,此日为冬季之始,俗称“寒节”。这一天也是上坟祭祖的日子,当地有“十月一,上坟烧寒衣”之说,上坟烧纸象征着给祖先捎去冬天穿的衣服,故又称“鬼节”。此俗在“文化大革命”中曾一度废止,20 世纪 70 年代末又逐渐恢复。

腊八节 十二月初八，俗称“腊八”。孟家村村民过去在腊八这一天要煮腊八粥、蒸腊八糕、吃杂面等。腊八粥以杂粮加大枣、花生为原料，用慢火熬制而成。腊八糕则用甜枣、红谷米或黍子米来制作。“小孩小孩你别馋，过了腊八就是年。”腊八节正式拉开了过年的序幕。但现在，村中腊八节俗日渐淡化。

第四章
红白公事

在孟家村，婚礼、丧礼等人生仪礼被称为“红白公事”。过去，村里婚丧习俗遵循古俗，比较繁琐。自 1986 年开始有了红白理事会，婚丧之事开始简化。跟周边村落一样，孟家村婚礼近几年发生了很大的变迁，但其仪式程序仍延续了传统婚礼提亲、定亲、迎亲、回门等礼俗框架，只不过具体内容和形式发生了改变，加入了许多现代婚礼的元素。相对而言，当地的丧礼则更好地保存着传统的仪式内容。

值得一提的是，因为炉神姑信仰的存在，孟家村的婚育习俗出现了一些有别于周边村落的独特内容。比如，过去新婚夫妇结婚前一天要到炉神姑庙里祭拜炉姑神，婚后不孕要到庙里求子，产子时也要到庙里祭拜，等等。

一、婚　礼

1949 年之前，在孟家村，儿女的婚事多由父母包办，即遵循“父母之命、媒妁之言”，现在则多讲究自由恋爱。虽然早已过了“媒人提亲，父母做主”的包办婚姻年代，但一些传统的婚姻观念和形式仍然部分地保留了下来。比如，即使男女自由恋爱，但也需要找个媒人或中间人在男方与女方两家之间沟通、串联。因此，媒人在当地仍然具有较高的社会地位，一般人不敢轻易得罪他们。再如，门当户对的观念尽管没有过去强烈，家庭条件仍然是婚

姻缔结中十分重要的指标，而且通常以彩礼的形式体现出来。

孟家村的传统婚礼大致包含如下内容。

提亲 旧时，缔结婚姻关系须由父母做主，聘请媒人物色对象、上门提亲，然后男女两家托人互相打听对方的情况，如家庭收入、人品、社会声望等。两家认可后，再让媒人去问生辰八字，请算命先生测算，若无相克、相冲，则商议定亲。在此过程之中，“门当户对”是一条非常重要的标准。

定亲 又称“送柬”“换柬”或“换帖”。“柬”是用红色六折帖，是双方缔结婚约的书面依据。柬一般请先生工整书写，男方写的是“敬求婚盟，伏冀金诺”，女方为“谨允婚盟，敬答玉柬”，等等。定亲时，男方家要请媒人将“彩礼”和“柬帖”一并送至女家。彩礼多少，视家庭情况而定。女方家设宴款待媒人，收下彩礼，回柬，并以鞋、帽、文房四宝等物作回礼。直至 20 世纪 60 年代，送柬之俗仍在当地流行。此后，议程相对简化，但定亲的环节必不可少。

男方婚柬

为XX男X岁

敬求 婚盟

伏冀 金诺

右启

拜名称呼XXX

旹①介绍人XXX

X年X月X日

女方婚柬

为XX女X岁

谨允 姻命

敬答 玉柬

右复

拜名称呼XXX

旹介绍人XXX

X年X月X日

婚柬

现在定亲，多由媒人或中间人沟通好，定个日子，女方及亲属到男方家认认门，正式拜见男方族亲，俗称“认亲”，称呼也要随男方改变，俗称“改口”。男方设宴款待女方客人，本家族近支这一天都要来，女方改口认亲，男方族亲则要给女方礼钱，金额根据关系远近而定，从五十到几百、上千不等，俗称“见面钱”或“见面礼”。男方要送彩礼给女方，过去的彩礼为适当数量的衣料或现金。20 世纪 70 年代的彩礼讲究几铺、几盖，几身单、几身棉，自行车、缝纫机、手表，等等；20 世纪 80 年代后，又发展到要彩电、洗衣机、录音机和 72 条腿（家具）。近年来，彩礼数额飞涨，从 20 世纪 80 年代的两三百元，到

① 旹（shí），同“时”。

现在的几万、十几万甚至几十万不等。双方还要商议婚前需准备的东西，比如房子、汽车、冰箱、彩电等。这一天，男方领女方到城里“赶集”，买首饰、衣服等。下午，女方临走之前，要吃一顿饺子，取将婚事“包住”之意。第二天，男方在媒人或中间人的陪同下到女方家“认亲家”，女方家要隆重款待。男方见了女方家人也要改口，女方族亲会象征性地给男方一些礼金。

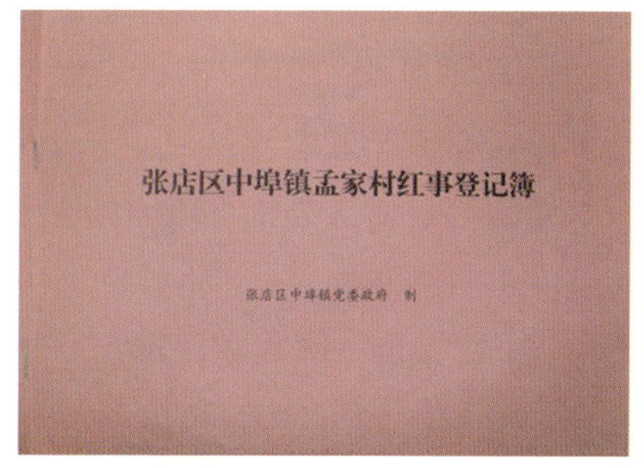
张店区中埠镇孟家村红事登记簿

张店区中埠镇党委政府 制

乡村文明行动移风易俗工作村居考核表

孟家村红事登记簿

结婚时大门口贴的对联

送婚帖 又称“下帖”“送年命帖”。过去结婚，男方根据女方的命相，请阴阳先生测算，择定吉日，俗称“查日子”。查好日子，征得女方同意后，男方开始写“年命帖子”。帖子上写明迎亲日期、新娘衣冠、开脸、梳妆、上下轿、坐帐面向以及接送女客属相所忌等有关事宜。帖子写好后，由媒人送达女方，称为“送日子”。女方接到帖子后，按照上面的说明准备出嫁事宜。送婚帖之俗，在“文化大革命”中被废弃，近几年又逐渐兴起。

催妆、送圆房、开脸 在结婚前两三日内，男方送食盒一架给女方，内装酒、肉、栗、枣等，皆为双数，名曰“催妆”。女子把陪嫁的家具、用品送往男家，俗称“送圆房”。女子出嫁时绞去脸脖上的汗毛，称“开脸”。

迎亲 又叫"娶媳妇""娶亲"等。在村民眼中,结婚是人生最隆重最重要的大事,需要用到许多物品,也需要很多人来帮工①。因此,结婚又称"办红公事"。在结婚前几天就要由红白理事会成立专门的班子,准备相关的物品,操办有关事项。班子里有主事总理1～2人,帮忙的族人和邻居十几人、数十人不等。大小事情均由总理掌控、负责。结婚前几日,就会有人请来大厨,搭棚垒灶,赶集备货,杀猪宰鸡,准备酒席。有人写对联、贴对联,五服之内的家户都要贴上对联。有人负责会计记账、收取礼金、礼品,等等。20世纪80年代,乡亲朋友贺喜多送馍馍、喜帐子或两瓶酒。现在多为送礼金,礼金多少视关系疏远程度而定,从几百到上千元不等。有人负责下请帖,重要的亲戚当面送帖通知,其他的亲戚只需电话告知一声。

过去结婚,女方家提前一天把嫁妆柜子、橱子、桌子、箱子及被褥送至男家,称"送奁房"。男方要招待来送之人,并给礼钱。现在多为结婚当日早晨,女方家女眷携带衣物、用品到男方家"装箱子",电冰箱、沙发、彩电等大件,与迎亲的车队一块送往男方家。

过去结婚,一般用轿迎娶,又分小娶和大娶。小娶即男方用一乘花轿将新娘迎娶回来。大娶多为大户人家,使用两乘轿。结婚前一天晚上,新郎穿

---

① 距离孟家村约10公里的永流村,其婚俗与孟家村几无差别,该村总结出一份新婚典礼所需一般物品名单和一份结婚庆典方案,这两份资料对孟家村婚俗同样适用,颇具参考价值,现摘录如下:

新婚典礼所需一般物品:1. 请柬;2. 双喜;3. 胸花;4. 喜簿;5. 红纸(粉红、垫盘);6. 签到纸;7. 红包袱;8. 红丝带;9. 红蜡烛;10. 火柴;11. 高香;12. 筷子;13. 传盘;14. 红包;15. 对联;16. 手电;17. 红盖头、手捧花、如意;18. 红腰带;19. 红手套;20. 红袜子;21. 胭脂;22. 红花;23. 栗子;24. 大枣;25. 新房装饰用品;26. 鞭炮、礼炮、彩花筒;27. 中性笔;28. 双面胶;29. 墨汁;30. 红砖;31. 干草把;32. 早场拜天地桌;33. 彩绸;34. 红灯笼;35. 民俗用纸;36. 喜糖、装喜糖红塑料袋;37. 红升、马鞍、红火盆;38. 红秤;39. 新娘手捧鲜花;40. 长辈赏钱用红包;41. 电源、压红砖用梯子;42. 上床石;43. 铺床用品;44. 下礼用品。

结婚庆典方案的主要内容:1. 总管;2. 主婚人;3. 证婚人;4. 婚庆公司;5. 司仪;6. 账房;7. 迎宾;8. 摄像师;9. 照相师;10. 摄像车;11. 迎亲负责人;12. 车队负责人;13. 服务车;14. 伴娘;15. 架客;16. 伴郎;17. 领亲;18. 后勤酒水组;19. 属龙、虎的压砖人员;20. 赏车队司机赏钱、烟、糖人员;21. 送小饭人员;22. 放鞭炮、烟火人员(早过门仪式、中午酒店仪式);23. 放彩炮人员;24. 早拜天地桌安排;25. 烧纸人员;26. 早过门仪式扬喜糖人员;27. 迎送、招待送客、伴娘;28. 接随身饭、下随身饭人员;29. 新房装饰;30. 上床石;31. 铺床;31. 新娘盘头、化妆、跟妆及车辆负责人员安排;32. 迎亲叫门红包;33. 下车红包;34. 父母早过门红包;35. 酒店赏厨;36. 酒店婚宴安排表负责人;37. 酒店桌上摆喜碟负责人(用品:垫盘纸烟、糖、黑瓜子、白瓜子);38. 酒水供货;39. 迎亲负责人,出发时间,到达新娘家时间,从新娘家出发时间,到达时间;40. 到达新娘家放鞭炮负责人;41. 拿喜盅负责人;42. 持喜手电负责人;43. 拿红包袱人员;44. 负责过路口扬喜钱人员;45. 贴井盖人员;46. 回门车辆;47. 贴红喜人员。(参见永流村村委网站:http://www.yongliuxincun.com/html/xinwendongtai/271.html)

戴一新，披戴红花，头戴礼帽，先向本家族长辈行礼，然后与其弟（或妹）各乘一轿前去女方家迎亲，途中打着旗、锣、伞、扇，鸣锣开道，吹鼓手吹奏乐曲。到达女方家门，女方有二人出迎，设宴款待，然后新郎新娘乘轿去男方家，谓之“迎亲”。不论大娶、小娶，新娘上轿，带着一名幼童，俗称“压轿”。乘轿沿路遇有碾、磨、古井、古庙、大树时，皆用红毡遮之。当新娘动身以后，随轿跟送客一对（多系新娘兄弟），带随身饭一挑两盒，到男方宴后回家。回时与男方约好迎娶新娘日期（俗称“回门”），并将新娘之套脚红袜带回。

现在迎亲多用几辆或十几辆轿车，近几年还出现了婚庆公司，一条龙服务婚礼，用十几辆统一款式的婚车迎娶，浩浩荡荡，很是讲究。男方到女方家接亲，女方家有意关上大门，新郎要大声叫门，并送红包，才给开门。而女方则以红包少为借口，不给开门，并再次索要红包。如此反复，不在乎钱多少，只图热闹喜庆。

过门 新娘来到男方家，进门时要放鞭炮，还要在大门顶上压一对用红纸包裹的砖坯子，插两双红筷子，叫“翻天大印”，用来镇妖辟邪。压这块砖，要属龙的递，属虎的压，叫“龙递虎压”。村民认为，龙、虎均为威猛动物，能够镇住妖邪之物。旧时，要在大门口放置马鞍，新娘从马鞍上跨过，称“过门”，寓意为“马上来，轿上去”，象征荣华富贵。男方家在庭院中摆上香案，由婚礼主持人领着新郎新娘焚香叩拜天地诸神，并拜谢父母，是为“拜天地”。拜毕，鸣放鞭炮，抛“长命火烧”。随即新郎给新娘除去“蒙头红”，新娘入洞房，在洞房内要“坐时辰”。婚礼当晚要“闹洞房”，一对新人喝“合欢酒”，劝酒者不论辈分，尽情嬉闹，有“三日无大小”之说。现在结婚时，拜天地多改为结婚典礼，由婚庆公司负责主持，典礼程序较为简单。

结婚时，大门上贴“龙”“虎”字

旧时，婚宴要重点安排好三大席，即男送客、女送客、圆饭客。客人要预

备好赏钱，用红纸包好，意谓“赏厨”。现在婚宴全部安排在了饭店，方便省事。

回门　过去，新娘三日回门。近年来，为了省去不必要的麻烦，改为当日回门，即结婚当天下午，新娘在新郎的陪伴下回到娘家，娘家设宴款待新客，然后返回。第二天一大早，新娘要早早起来到婆婆屋里扫地，俗话说“待要富，赶得婆婆穿不上裤”，新媳妇拿着新扫把象征性地划拉几下，婆婆要给新媳妇赏钱。早饭后，新郎新娘要在家人的陪同下给去世的祖先上坟，俗称“上喜坟”，也就是告诉老人家里又添新人了。现在这些习俗已经逐步淡化。以前，新婚夫妻在结婚前一天要去庙上磕头，然后再围着村走上一圈。这个习俗一直延续下来，直到近几年才不流行了。①

二、丧　礼

在孟家村，丧礼仍严格遵循旧俗。丧期根据死者年龄与家庭条件而定，少亡者，当日或隔日殡葬，一般年龄大的发三天丧。过去大户人家有的发五天、七天大丧。

寿终　过去，人死后，由子女给死者洗擦身体，洗脸，洗脚，理发，穿好寿衣（一般为棉衣，且不扣纽扣，穿棉鞋，戴棉帽），死者脸上须盖黄表纸，口中塞铜钱，然后将遗体停于正房迎门的灵床上，叫“安灵床”。灵前焚香设牌位，上书“先考（妣）××府君（太）之灵位”，摆贡品，点长明灯，烧纸钱，供“倒头饭”，即

白纸封门

① 访谈对象：孟家村刘传贵老人；访谈人：赵容；访谈时间：2011 年 9 月 24 日；访谈地点：孟家村。

用一根筷子竖插三个馍馍，然后子女们到路口“指路”。由长子站在板凳上，手举扁担，向正西方向连喊三四声“爹爹（娘）向西方大路，西方路上明光路”，然后将扁担扔出去，子女跪地痛哭。同时烧纸马、谷草，意思是让死者骑着马走向西方路，子女哭着回家。指路之前，一般忌讳大哭，据说能把死者的魂灵哭迷糊了，找不着向西方的路。指路后，把白纸剪成的纸条（称“长钱”）挂在大门口一侧（男左女右），然后大门上贴白纸，叫“封门”，意指封住后门，不让死者的灵魂再回来。回家后，孝子日夜守护，严防狗窜猫跳，谓之“守灵”。直系子女去土地庙送“倒头浆水”。

得知有老人去世，村中负责白公事的理事会要主动到事主家帮忙，负责安排或操办葬礼中的大小事，如派人到死者亲戚家报丧、安排匠人修坟、安排人写挽联，等等。

戴孝 父母丧亡，儿子要“披麻戴孝”，女眷戴“顶头布”。若属重孝（如媳妇对公婆），则将大块白布披缚于身，叫“穿布”。侄、孙均按辈分戴孝。安葬后，除去孝服，只穿白鞋，叫作“持服”。一般儿子百日不理发，儿女服期为3年，侄、孙为1年。现在，有的人家改为臂戴黑纱，上绣“孝”字，以表哀思。

吊丧 第二天，丧主在院内搭灵棚，立牌位，设供桌，由孝子坐地守灵，亲戚、乡里前来吊唁，称“吊丧”。乡亲一般要吊丧，或带祭品，或带数元、数十元钱。亲戚、朋友前来吊唁，一般带四个点心或瓜果祭品。吊唁时，吊唁者在灵前手持四炷香，作四个揖，然后将祭品置于灵前，向灵位跪拜，奠酒4次。女婿一般拜“迎门祭”，要哭几声。子女们见有吊唁者要大哭一阵。

入殓 第二日傍晚，孝子到土地庙送“二遍浆水”，并在庙前焚化纸轿、纸马、纸箱，有的还焚金山、银山，返回即盖棺入殓。入殓时儿女亲属将尸体移入棺内，再放入土坯、草木灰和死者生前所爱之物，净面后盖棺封口。

烧炕 过去，有孝妇、孝女去坟中为死者“烧炕”的习俗。出殡前一天，孝妇、孝女在新挖的坟墓中，摆上灯、罐等物品，罐由长媳用衣兜去，叫“兜浆水罐子”，然后点火，谓之为死者“温炕”。

参灵、吃团圆饭 发丧当天，丧主家大门外设账桌，请来鼓乐班吹奏。早饭时孝子全家致哀，称“参灵”，并一起在灵棚内吃一餐水饺，叫“吃团圆饭”，边吃边填满给死者的“献食罐”。饭后，孝子跪在灵棚，恭候亲戚、友人祭吊；孝妇、孝女守则在灵屋内，接待来吊女客，女客给孝妇、孝女钱表示抚慰，

称“收头钱”。

起灵　午饭后，开始起灵。起灵时，先摔碎灵前的饭碗，帮工抬棺材，孝子亲友随灵哭送。出了院门，把棺材放到架子上祭奠。再次抬起架子时，长子摔瓦，次子摔碎原放在灵前烧化纸钱的乌盆，称“摔老盆”。

送殡、路祭　灵棺出行不远，设供桌，由死者女婿或女亡者娘家人进行祭拜，谓之“迎门祭”“顶灵祭”或“迎灵祭”。若二老尚存一人，孝妇、孝女送到庄边路口即脱孝衣返回，不去坟地。送葬途中在十字路口会停步，但棺不落地，由女婿进行路祭。送葬时，长媳还要用丧衣兜一块米糕，到村头时由娘家哥哥或弟弟避开棺材将糕拿回，等孝男、孝女发完丧后把糕吃掉，寓意后人步步高升，谓之“偷糕”。

下葬　灵棺到墓地后，孝子、女婿同祭，祭罢，把“献食罐”放入坟龛内，有人撒五谷粮，边撒边喊“一撒金，二撒银，三撒儿女一大群，大吉大利”等吉祥语，随后堆坟。

道差　出殡之后的当天晚上，主要宴请帮忙人，表示谢意，谓之“道差”或“回茶”。

谢客　次日黎明，孝子须逐户给参加吊唁的乡亲叩门谢客。现在，一般将本村锞仪者列名单于白纸上，写清楚孝子、孝孙的姓名，写“恕谢不周”字样，防止有遗漏或差错，让人谅解，把名单张贴于村内人流较集中的显眼处，表示谢意。

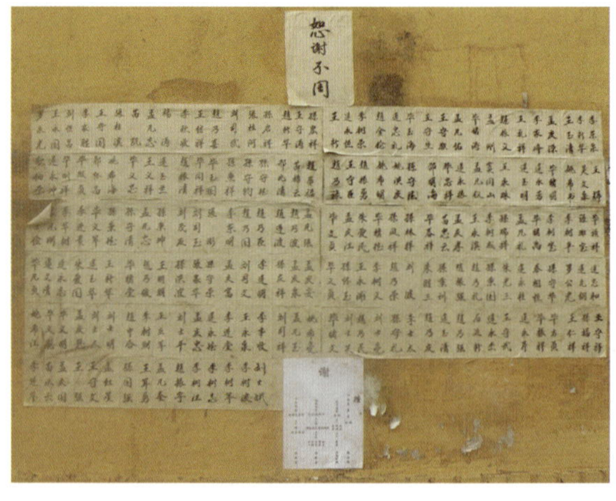

孟家村大街上张贴的谢客名单

圆坟　出殡后的第三天，天明之前，孝男、孝女来到坟前，设祭，并手持火把围绕新坟——若亡人为男，则左转三遭、右转三遭后祭奠；若亡人为女则反之；然后再用锨铲土将坟培好，称为“拂三”，也叫“圆坟”。由长女或长子唱圆坟歌词，如“这堆坟圆又圆，辈辈出状元；这堆坟尖又尖，辈辈出大官”等。

垒七、五七、百晌　人死后到第七天黎明，家人要到坟前祭奠致哀，称“垒七”。之后，还有上“三七坟”“五七坟”。上“五七坟”，即出殡后35天之内，子女一大早到墓地烧“五七”纸，并烧纸扎的摇钱树、金山、银山、箱子、柜子等祭品。后来有纸扎的“汽车”“彩电”“冰箱”“楼房”等物品。三个月后，上“百晌坟”或“百日坟”，烧“金山”“银山”“摇钱树”“聚宝盆”等。有“长百晌，短五七”之说，即上百晌坟多于百天，上五七坟要少于35天，按儿子个数增减天数。烧了百晌纸，丧事方告结束。

祭日坟　当地将人去世的日子称为“忌日”。每到这天，子女仍须到墓地，设供祭祀，叫“祭日坟”。父母丧亡的三年内，过年时家中不放鞭炮、不拜年、不贴春联。上坟不要水饺，要用炸菜，要在上午上坟。三年后，除服，即可正常随节俗祭祀。

三、生育礼俗

求子　妇女如果婚后久未有生育，大都要去庙上找送子娘娘求子。求子时让炉神姑和送子娘娘协商，捏一个泥娃娃拴上（可选性别）。部分人会装一桶水放到庙里，炉神姑和送子娘娘会对症下药，几天之后把水拿回去喝掉，就会怀孕。如果炉神姑和送子娘娘治不好，就是需要去医院看的疑难杂症（如输卵管不通等）了。喝水之后有没有效果就是能否治好的依据。[①] 如果产妇临盆，无论顺产还是剖宫产，产妇的婆婆或其他亲人一般也会来庙里拜炉神姑。

报喜　女儿生了小孩，女婿要到丈母娘家报喜。岳母要煮红鸡蛋，让女婿带回，但是必须在路上让人抢吃一空，不能带回家，意在让众人分享喜庆。

送粥米　小孩出生后的5～12天，要举行“送粥米”。媳妇娘家携米、面、

① 访谈对象：孟家村段美兰老人；访谈人：赵容；访谈时间：2011年9月24日；访谈地点：孟家村。

鸡蛋、衣帽及喜资等前往祝贺，看望小孩。邻居、亲朋送鸡蛋、油条、点心，叫“送月子”。根据关系的亲疏程度，客人还要给孩子几十元、几百元不等的“见面礼”。主人家在饭店摆酒席宴请客人，还要煮红皮鸡蛋作为回礼送给来客。现多购置“送米”礼盒替代。

住满月 婴儿出生30天，其姥娘家接其母子到家中住几日，称为“住满月”。按传统习俗，女婴临走时，额上要点墨，回来改点粉，叫“打狗”。俗话说：“黑狗去，白狗来，带她姥娘家的官粉来。”男婴则反之。

铰头 孩子满月后，由奶奶抱着在村中十字路口举行“铰头”仪式。要找五六个“全乎”(即有丈夫，儿女双全)成年妇女代剪胎发，每人带一把剪子，剪子上用红线拴一红纸包，内包五角钱。铰头时让婴儿怀抱一个瓢子，内盛一对馒头或一对窝头，寓婴儿之后生活有保障之意。另剪一点狗毛、猫毛、牛毛、驴毛等放入瓢内，以防日后婴儿见了这类家畜害怕。铰头的妇女口中念念有词：“前铰金，后铰银，中间铰个聚宝盆。铰铰嘴，早说话；铰铰脸，长得俊；铰铰头，活到九十九；铰铰手，不手贱；铰铰脚，不乱跑……”如果是男孩，还要说“铰铰小鸡鸡，不看媳妇”。随着念词，在孩子的不同部位张开剪子做剪东西的动作。仪式完成后，妇女们把红包留给孩子。还要准备棵小葱，放在孩子身上，回家把葱种在花盆中任其生长，直到开花结子。此俗目的是为孩子祛灾祈福，保一生平安。

百岁 婴儿出生百天，姥娘带上面条和缝有绒穗的裤子去为婴儿祝福，称“祝百岁”。亲朋好友也带食物、婴儿用品及喜资前往祝贺看望，并在“百岁”期间，为婴儿佩戴银制铸有“长命百岁”“长命富贵”等字样的“长命锁”，寓意健康成长。这天，有的还要收集多家各种颜色的碎布头，给孩子做成“百家衣”，传说小孩穿此衣后能长命百岁。

周岁 孩子诞生一周年这天，亲友们要送童衣、童帽、童鞋、礼金等前往祝贺。过去最流行的是虎头鞋、虎头帽。因虎是百兽之王，小孩穿后可壮胆避邪。周岁这天，还流行让孩子“抓周”“拈周”或“试周”，摆放吃食、文具、针线、制钱、刀枪、玩具等物，让孩子随意抓取。若抓书笔，预示长大后会成为文人；若取算盘，预示长大后可能成为商人；若取刀枪，预示将来会习武；若取玩具，会贪玩；取碗筷则会理家务；取首饰则喜爱打扮等。

贴睡条 满月前后的小孩往往“睡反了夜”，白天睡，夜间哭。这被认为

是招了“哭瞥狐”。家长就在街上十字路口贴一张纸条，上写：“天皇皇，地皇皇，我家有个夜哭郎，过路君子念三遍，一觉睡到大天亮。”

叫魂 小孩受了惊吓或生了病，往往精神不振或昏睡不醒，就认为是掉了魂，有的找“神主”叫魂，有的家长自己叫魂。一种方法是，拿一件孩子的衣服，到认为孩子“掉魂”的地方，轻声呼唤孩子的名字“某某咱回家去”，并用孩子的衣服在地上来回拖几匝。再一种方法是在家中等孩子睡熟，轻声呼喊孩子。

开锁子 有的孩子出生时脐带绕颈，村民认为这是带着前世的枷锁投胎的，必须开锁子。孩子开锁子的年龄一般为七八岁。开锁子的仪式过去很繁琐，用一张方桌放在院中，三面用布围住，留一面当门口，象征为监狱，然后让开锁子的孩子进入桌子底下。这天要通知孩子的姑、姨或近邻为孩子送“监饭”，孩子每样吃一口。

送替身 所谓“替身”是民间的一种说法。如果有人体弱多病，或者生辰八字不好找“神主”来看，“神主”会在“阴间”找到另一个“替身”来代替病痛和灾难。一般要举行一个仪式，找人来送，即所谓“送替身”。

第五章
千古孝女炉神姑

孟家村东北部建有一座规模较大的炉神姑庙宇，远近闻名，每年都吸引着众多香客前来烧香祭拜。可以说，炉神姑通过庙宇、庙会、传说、灵验故事等在地化途径，已经与孟家村融为一体，成为孟家村最为显著的标志性文化。

孟家村炉神姑庙大门

一、炉神信仰的缘起

炉神信仰起源于鲁中商山（今名“黑铁山”）一带，波及周边的博山、淄川、临淄、桓台、邹平、青州、临朐等地，历史悠久，并与地方社会有着千丝万缕的联系。炉神信仰的产生与当地冶铁业有直接关系，炉神形成之初被冶铁从业人员供奉为行业神。明清时期，炉神信仰深入民间社会，逐渐演变成为“炉神姑”这一重要的地方女性神灵。近代以来，商山一带的炉神信仰虽因诸多原因中断，但改革开放后，又凭借传说、庙宇与庙会等形式重新焕发生机，尤以商山和孟家村两处的炉神姑庙宇最为知名。

（一）炉神姑信仰的缘起

炉神信仰的形成源于鲁中地区冶铁业的兴盛，系“冶工因庙炉神以祈福利”，其产生的具体年代至今尚无定论。据元代的资料，当时商山脚下已有“金火神庙”，其供奉的主神是金火神“从革侯”（又称“从革王”），在东西偏殿又各供“安期先生”（又称“八百复先生”，是秦汉传说中的仙人）和金火神的女儿（又称“金火神圣娘子”，河北遵化地区称“金火二仙姑”）。明清之际，金火神女儿的形象已被“炉神姑”所取代，“孝女投炉”的传说已经在当地广泛流传，“炉神姑”的形象日渐突出，成为各地炉神庙中所供奉的主要神灵。此外，这一信仰开始从冶铁业内部扩散至民间社会。炉神庙不再局限于商山脚下，而是深入周边的村镇，并且庙会也开始随之兴起。清代中后期，随着商山地区冶铁业的废弛，作为行业信仰的炉神信仰也不复存在，但在民间，以炉姑为主角的炉神姑信仰却显示出旺盛的生命力：不仅信仰波及的地域范围进一步扩大，而且各主要炉神庙的修缮、扩建工程十分频繁，香火也更加旺盛。至此，炉神姑已由一个行业神转变为地方的保护神。

根据文献记载，炉神姑由凡间女子化为神灵的过程大致有两种说法。其一，铸剑说，即炉神姑系齐国欧冶子之女，为帮助父亲铸剑，投身火炉，化为神。其二，冶牛说，即商山一带有祸害人畜的铁牛出没，以火炼之，坚不可化，丁氏女为救身为炉役的父亲，投身火炉，消融铁牛，被奉为神灵。这两种说法虽不相同，但都有孝女为救父而投炉的核心情节，且均与鲁中商山一带

盛产铁矿、冶铁业兴盛密不可分。

铸剑说 铸剑说主要流传在距离孟家村约70公里的临朐县老龙湾一带，这一说法与冶牛说共享了炉神姑舍身救父的核心故事情节。老龙湾位于临朐县城南12公里的冶源镇，古称“薰冶泉”“铸剑池”，其流称“薰冶水”。传说齐国欧冶子曾在此处为王铸剑，建有冶官祠，又称“大孝王祠”。如咸丰《青州府志》载：

> 冶官祠，在(临朐)县南二十五里冶源。昔欧冶子铸剑之地。《水经注》曰：薰冶水出西溪之上，有冶官祠。《广雅》云：金神谓之清明，古冶官取以立祠。[①]

光绪《临朐县志》亦载：

> 又北十里为海浮山，在县治直南二十五里，下临薰冶水，上有神祠，疏松数株，蔼如碧云，下与水边密竹俯仰相映。此山以北虽地势趋下，而曼衍平夷，无复冈岭矣。[②]

> 巨洋水出县治南沂山西麓，沂山去县南九十里，古东小泰山也。桑钦《水经》：“巨洋水出朱虚县泰山。”郦道元注：“泰山，即东小泰山也。”……又西北至冶源东，薰冶水自西来注之。[③]

> 冶源去县治南二十五里。旧志引《昌国艅艎》云：浵水西北受薰冶水，水出海浮山下，汇为深潭，往往皆自平地突出清泉，觱沸直上，喷珠射空，平或竟亩，深可盈丈，湛沏见底。洲渚多茂竹古木，幽矶衵濑如云蒸雾郁。邑人冯惟敏建亭其上，题云“即江南”。《水经注》云：“薰冶水出西溪飞泉侧，濑于穷坎之下。泉溪之上，源麓之侧有一祠，目之为‘冶泉祠’”。按《广雅》金神谓之清明，斯地盖古冶官所在，故水取称焉。水色澄明而清泠特异，渊无潜石，浅镂沙文中有古坛参差相对，后人微加功饰以为嬉游之处。南北邃岸凌空，疏木交合。至若炎夏火流，间居倦憩，提琴命友，嬉娱永日，桂櫂寻波，轻林委浪，琴歌既洽，欢情亦畅，是焉栖寄，实可凭衿。小东有一湖，佳饶鲜笋，匪直芳齐芍药，实亦洁并飞

① 《青州府志》卷二十六，清咸丰九年刻本。
② 《临朐县志》卷三之上，清光绪十年刊本。
③ 《临朐县志》卷三之下，清光绪十年刊本。

鳞。道元父范，北魏太和中官青州刺使，道元侍任，东来此焉，游息文咏流美，今成名迹矣。《齐乘》云："薰冶出县南西溪，与水经同。"《渑水燕谈》称："冶源为欧冶子铸剑处。"欧冶子事在吴越，会稽之山遗迹犹存，此说殆近附会。郦氏谓古冶官所在，其说较长。①

光绪《临朐县志》又载：

冶官祠，在冶源薰冶水上，见《水经注》。祠前有"铸剑池"三大字，为雪蓑子书。[又有联云：天丁呵护阴阳剑，鬼斧凿开混沌池。]今讹为大孝王祠。按郦注目之为冶官祠，《广雅》金神谓之清明，斯地盖古冶官所在，立言极慎。《齐乘》乃引《渑水燕谈》指为欧冶子铸剑之地。欧冶子吴越间人，不闻远涉兹土，附会之说，殆未可从考。《盐铁论》布衣有朐邴，注邴姓曹，以铁冶起家，富至钜万，以其兴富于临朐，故曰朐邴。冶源之称或缘邴著，此祠即其所建未可知也。《古郱纪略》云：今称大孝王庙，祀汉城阳王刘章。夫城阳之祀盛于汉魏间，青州诸郡转相仿效，下至乡亭聚落亦为立祠。[见《风俗通》及《魏书》]朱虚是其封邑，理固宜有，然果是此祠。郦氏日游其侧，岂容不知，而反有冶官之目，讹自后代，事无可疑。[冯惟健《游冶泉记》已有此名，谓掘断碑知之，则沿讹久矣。]大孝王之称尤鄙俗，不足置辩，名从其朔，义取有徵，未敢旁摭俚谈窜革往迹也。②

上述文献详细地记载了欧冶子铸剑事迹，以及冶官祠的历史景观，并讲述了冶官祠讹为大孝王祠的事实，但并未说明冶官祠是如何讹为大孝王祠的。清代诗人成聿炌在《桓台胜览》中记述的故事在某种程度上为我们还原了这一事实真相：

齐，欧冶子为王铸剑，三年不成，将见杀。其女掷身炉中，一鼓而就，故后人祀为炉神，名其地曰"冶里"。今铁山北岭上有炉神庙。③

另外，成聿炌还有诗云：

铸剑如何竟不成，女身从此一毛轻。
丹心不向炉中灭，化作清风岭上行。④

---

① 《临朐县志》卷三之下，清光绪十年刊本。
② 《临朐县志》卷四，清光绪十年刊本。
③ 《重修新县城县志》卷三，1933年铅印本。
④ 《重修新县城县志》卷三，1933年铅印本。

桓台一带也流传着“铸剑型”的传说故事。据《重修新城县志》载：“冶里，在商山东南里许，相传战国时欧冶子铸剑处。”在这里，也明确提到了“齐”，但是因为欧冶子的存在，这个“齐”应是春秋战国时期。史书记载欧冶子是春秋战国时人，擅长冶金铸剑，传说曾为越王制湛卢、巨阙、胜邪、鱼肠、纯钩五剑，又与干将为楚王做龙渊、泰阿、工布三剑，其事迹主要见于《越绝书》和《吴越春秋》。在浙江一带的民间传说中，欧冶子是龙泉宝剑的创始人，今浙江省龙泉市因此而号称“中国宝剑之乡”，将欧冶子称为“剑祖”，并举行过欧冶子公祭大典，当地有欧冶子将军庙、剑池亭等古迹。由此可见，桓台地区流传的铸剑传说当借用了欧冶子的人物形象，其核心故事情节仍为孝女舍身救父，这一点从该地区的民间传说版本中得到生动呈现。

> 春秋战国时期，涧水河畔，有一个叫欧冶子的人，身怀铸剑绝技，远近闻名。齐王命他冶炼妖牛为自己铸剑，然而妖牛在炉中冶炼一年半仍然完好无缺，齐王下令如不能按时完工，就将欧冶子和工匠们统统斩首。欧冶子的女儿李娥为化铁牛纵身跳入火炉之中。妖牛化为铁水，李娥也救父殉身。齐王被这一惊世孝举而感动，封李娥为炉神姑，建立炉神姑庙。①

冶牛说 光绪刻印《益都县图志》对此有详细的记载：

> 炉神庙，在金岭镇西北孟家海子庄。初，南燕立铁冶于商山，而鼓铸之事起，至元，不废冶工。因庙炉神，以祈福利。今山东北麓炉神庙，元大德七年重修，其最古者也。[此庙属临淄，其碑略云，商山之东北□，金火神从革之庙也。庙之东庑曰“真人堂”，俗谓之“八百复先生之祠”也。庙之西庑即金火神圣之女也。立祠之源，鼓铸镕化之次，在在立焉。原夫“从革”之号，五行庚金之象也。曰“真人”者，得非秦皇东游海上，安期先生者耶？“金火神女”之称云者，从革侯之女也。究莫详其由然。]庙之神曰“金火神从革王”，而以其女配享。[此亦俗讹也，神何以有女，殆取离为火、为中女之义。]后庙废，惟余女像，世遂崇奉之，目为“炉姑”。因又溯姑之父为“炉太君”，曰姓丁氏，县之西北鄙人，委巷之谈，不足辨也。[山麓有炉太君墓，地属新城县。墓前，有康熙四十八

① 参见《重修新县城县志》卷三，1933年铅印本。

年碑，临淄进士王某撰，即本俗传为说，今备录于此。云，自古贞烈之女，必为之推厥由来，使永传于不朽，所以旌美节，亦以溯本原也。今济青之界商山之阳，相距三五里，炉神庙在焉，族人卜居于此者颇众。问山何以“商”名，而庙何以“炉神”名也？佥曰：野老有云，昔时，山中有物，夜出食人田禾数十顷，绕山而居者不胜其苦。官令寻踪于此，得铁牛一只。为之聚工销铄，坚不可化。时有炉役丁姓者，将被刑戮，其女，奋不顾身，跃入炉中，而铁牛以消。一方之人，咸奇之。遂鸠工修祠，奉为炉神云。余闻之，若信若疑。谓经传所不载者，皆好事者之所为也，姑置之。己丑冬，有祈余作《碑记》者，谓是女之父母坟墓尚在，祈灵多应焉，是乌可以无勿传欤？余笑，以不善传会为辞。既而思之，纯孝格天，事至奇也，而亦至庸，因端劝世，事甚细也，而亦甚钜。今所云虽涉于诞乎，第草野传闻，是女之孝烈可传，其本源更不可没也。因援笔直书，为之记曰：笃生神女，圣世祯祥。为父捐躯，慷慨激昂。感动天地，驱疫消殃。□人杀身，作福一方。溯厥自始，裕泽流长。是为碑记，悠久无疆。]孟家海，近在山前，故亦有是庙，康熙三十七年重修。[毕曰浛撰碑云：铁山，古稷门之商山也。孟家庄在其东麓，旧有炉神庙，住持道士陈某，拮据修饰，落成于戊寅某月，乃伐石纪事而授简于余。余谓，炉以鞲火祝融火正司之，今肖祀者女氏也，得非纪闻所载。吴大帝时，宣城李某为梅根冶长，煅方烈而金耗，罹罪当诛。其女名娥，甫十五，奋身投炉，于是，赫焰腾烛，金液沸涌，流二十里而注之江，所蹑双履，完浮液上，吴人神之。相传，冶者必享娥，以祈利佑者欤？盖铁山之石碏而磁，冶人曾煅于此，其庙娥亦如吴人故事耳。迄今，冶废庙存，无复濯肤曳皮之伦来修灌献。里之父老子弟社赛因之，或亦旌贤而劝孝焉。夫何伧父老妪，每好扳援美善，以光枌榆，遂曲为附会。谓齐有铁牛，食禾害民，侯执付冶人。神父姓丁，以煅牛不溶，将罹族诛。神舍身投炉，而牛乃液。荒唐不尤甚乎！余向流览纪闻，尝欲揭梅根冶事以相证，而虞《齐谐》之志，不可尽信。今道士居然执荒唐之说，以请记矣。因率书简末，以告禨禨者流。髯苏所谓“姑妄言之，姑妄听之”。后之览者，比之闲人说鬼也可。右文见《曰零焉文稿》，今庙中无此碑铭，殆嫌其不谐俗，故未刻耳。]走高飞后远近祷雨，有应辄归。而建庙其在城内真武庙

者，道光十一年所修醮会尤盛云。[走高飞庙之西李将军庙，传为明末守备李士元，报其全城之功也，俗讹为“炉神”之舅。凡庙皆祀将军，若护法。然东北乡蔡家庙营饰壮丽，神岁时出巡，又以将军为先马焉。][①]

在丁氏女成神的传说故事中，她投身火炉以消化铁牛成为最核心的情节。实际上，以凡人或牲畜的身体销融铸铁的说法在文献之中早有记载。

明人卢若腾《岛居随录》中有“铸铁不销，以羊头骨灰致之，则消融”[②]的记载。《吴越春秋》中也记载，干将、莫邪铸剑，三个月没有铸成，莫邪就“断发剪爪”，投入冶炼炉里，于是“金铁乃濡，遂以成剑”。[③] 此处又出现了一个值得注意的地方：吴地民间传说中，莫邪是欧冶子的女儿，干将则是其徒弟兼女婿。从传说的角度讲，莫邪投以“发爪”使剑得以铸成，这未尝不是“李娥投炉”、炉神姑舍身救父情节的早期演绎形式。此外，古人这些看似神秘的做法，其中却蕴含着一定的科学道理。有学者指出：

> 正因为用含磷丰富的骨头作为溶剂起到了催化剂的作用，才使得铁更易熔化，因此才出现了“投炉”现象。因此，“投炉”的地方恰恰是冶铁业发达而又先进的地方，炉神姑传说正好印证了当时铁山一带的冶铁发展水平。因此可以说，炉神姑文化是在冶铁文化基础上产生的，而炉神姑文化又极大丰富了冶铁文化的内涵，让冶铁文化更生动、富有活力，同时也是对冶铁技术水平先进的体现，两者之间相辅相成。[④]

通过以上归纳分析，我们可以得出炉神姑广泛流传的叙事文本。从中不难看出，炉神姑型故事的母题——孝女救父的情节是一致的。在这个基础上有两个主题，分别是冶铁和铸剑，而冶铁的主题在当地更为普遍。

（二）孝道与祈雨

在孟家村炉神姑庙，我们发现了10多通古碑，这些碑文记载了大量的有关炉神姑的史料，涉及炉神姑信仰的各个方面，对于我们研究炉神姑传说、信仰、庙会以及炉神姑庙的兴建史等具有重要的历史认识价值。碑文中

---

① 《益都县图志》卷十三，清光绪三十三年刻本。

② （明）陈耀文撰：《天中记》卷五十四，清文渊阁四库全书本。

③ （汉）赵晔撰：《吴越春秋·阖闾内传》，明古今逸史本。

④ 陈旭：《淄博铁山——中国冶铁发源地》，载《管子学刊》2010年第4期。

经常可见"祷雨辄应，有年所矣""举议往祷，即沛甘霖""或除旱魃，或动风雷，或驱疠疫，皆于功德于民""民志恭祝疾病，即默施保愈，解祸免灾，福佑无疆"等记载。如立于大清光绪十四年（1888年）的碑上记载了一段祈雨的实录：

> 仰维神灵祷雨辄应，盖孝德上格乎天，斯仁善下及于众，故历代以来，被泽者多置行宫，而王旺庄等四十余村亦因屡沐惠而立社也。岁在丁亥五月间，时值亢旱，同社择吉设坛赴祠以祀甘雨，拈香之祭，见殿宇及陪房钟楼山门，经风雨之剥，至瓦瓴之残缺，咸相谓曰："是宜修葺。"及安坛三日后，云雨滂沱，禾稼勃兴。

这里就将祈雨与孝道联系起来，因为其孝德上格乎天，因此才具有了祈雨灵验的效果。碑文内容为语言朴实的实录，关于时间、地点、人物等的叙事要素一应俱全，具有很高的历史史料价值。

炉神姑信仰虽与地方冶铁业紧密相关，但就炉神姑传说的核心情节来看，无非就是"舍身救父"，而这在民间关于孝道的传说中很常见的。尤其是到了清中后期，炉神姑的孝女形象十分突出，彼时修建的炉神庙有的就以"孝祠""孝女祠""孝女庙"冠名，各种碑记中都无一例外地旌表其孝义精神。所以，炉神信仰发展到清中后期，虽然其行业神的意义已经衰微，但却具备了另外两个方面的意义：一是孝义教化功能；二是无所不能的"灵验"。

调查组在炉神姑庙内访谈

一方面，关于炉神姑生平以及纪念其感天动地的孝行的记载在村中的碑刻上经常出现。

如乾隆十九年

(1754年)四月十一日立碑:

父老传谓:齐时商山有铁牛之祸,浚命冶工化之,限以时刻,逾则置诸极刑。炉神以冶家之女,徇于其所见限期已至,而牛之恖烋如故,恐父被诛,跃身炉中,牛然以解。

另一方面,为之撰写碑记的文人也往往在碑文之中阐明自己的立场:本不相信炉神姑灵验之说,但感其孝义行为具有极强的教育意义,不得不撰。康熙四十八年(1709年)临淄进士王某为炉太君墓撰写的碑文尤具代表性:

余闻之若信若疑,谓经传所不载者,皆好事者之所为也,故置之。己丑冬,有祈余作碑记者,谓是女父母坟墓尚在,祈灵多应焉,是乌可以无勿传欤?余笑以不善傅会为辞。既而思之,纯孝格天,事至奇也,而亦至庸,因端劝世,事甚细也,而亦甚钜。今所云虽涉于诞乎,第草野传闻,是女孝烈可传,其本源更不可没也。因爰笔直书,为之记曰:笃生神女,圣世祯祥。为父捐躯,慷慨激昂。感动天地,驱役消殃。口人杀身,作福一方。溯厥自始,裕泽流长。是为碑记,悠久无疆。[①]

由此可见,这两层含义是一种相互依存的关系,从某种程度上来说,孝义教化功能是炉神信仰的外衣,是其得以沿存的外在保障,而灵验是其内在实质,是民众对之信仰不息的根本动力。

炉神姑传说与信仰所体现出的孝文化,在淄博乃至整个山东地区都是独树一帜的。山东是儒家文化的发源地,孝道精神一直非常浓厚,而以济南、淄博、潍坊为代表的鲁中地区,更是孝文化的重要传承地。在中国古代的"二十四孝"中,虞舜孝感动天、闵子骞单衣奉亲、郭巨埋儿奉母、董永卖身葬父、王祥卧冰求鲤、江革行佣供母、王裒闻雷泣墓、淳于缇萦舍己救父的故事都发生在鲁中地区。炉神姑作为中华文明众多孝子故事中的一个,也在这方水土上散发着绚丽的光彩,成为一方水土崇祀的对象。它体现了中华民族优秀的传统美德、伦理规范和传统文化,记录了张店地区传统文化的本质特征,显示出张店地区民间价值观的基本取向。它既是民族文化积淀的结果,也是传统文脉的延伸,具有着重要的、不可替代的功能。炉神姑传说不仅感昭了后人,其"夫孝,始于事亲,中于事君,终于立身"[②]的"孝"本思想

① 《益都县图志》卷十三,清光绪三十三年刻本。
② 《益都县图志》卷十三,清光绪三十三年刻本。

内涵更是中华民族世代相传的情感方式与行为规范。炉神姑所蕴含的孝文化作为古齐鲁文化的重要组成部分,在中华传统文化演变传承的历史长河中,对于促进各民族的文化交流,增进中华民族的传统认同感,将发挥特有的社会纽带作用和规范功能。

二、孟家村炉神姑庙

孟家村的炉神姑庙古已有之,从碑刻上来看,元大德七年(1303 年)便已重修过:

> 炉神庙,在金岭镇西北孟家海子庄。初,南燕立铁冶于商山,而鼓铸之事起。至元,不废冶工。因庙炉神,以祈福利。今山东北麓炉神庙,元大德七年重修,其最古者也。庙之神曰金火神从革王,而以其女配享。后庙废,惟余女像,世遂崇奉之,目为炉神姑。因又溯姑之父为炉太君,曰姓丁氏,县之西北鄙人。委巷之谈,不足辨也。孟家海近在山前,故亦有是庙,康熙三十七年重修。后远近祷雨有应辄归。而建庙其在城内真武庙者,道光十一年所修醮会尤盛云。①

在村民的记忆中,过去的炉神姑庙就在现在的位置,只是规模较小,设备简陋。北殿三间、西殿三间、东厢房三间以及钟楼山门等,全为青砖和土坯所造,低矮而狭窄。大殿前有两株参天侧柏,直径约 1 米,高 10 多米。北殿有炉神姑的神像,旁边有两个童子。墙上有炉神姑的壁画,里屋有炉神姑坐在轿子里的塑像,平时祈雨的时候用到。西大殿里有各位老爷的牌位,东厢房曾经住着外来的尼姑。

庙内现保存有大量的碑刻,记载了炉神姑庙多次重修的历史,最早的一通是清朝乾隆十九年(1754 年)的重修碑。从碑刻内容上看,历次重修大都因为祈雨灵应,或基于弘扬孝道精神的需求,由此可见,炉神姑信仰在该村以及附近周边地区有着深刻的影响。

① 《益都县图志》卷十三,清光绪三十三年刻本。

炉神姑庙内的碑刻

据该村老人们回忆，20 世纪 50 年代末国家在庙址处建了一个园艺场，住着很多工人，后来该村将地基要了回来。“破四旧”时期，村里将庙宇毁掉建了学校，庙里的古碑就推倒做了墙基，后来拆的时候给学校建造中墙，所以有一部分碑刻就保留下来了。据原孟家村村支书王玉清回忆，当时上面派生产队来建院墙要将碑刻砸成废石，幸而他极力劝阻才保存下来，现在这些保存下来的碑刻成了村里的“无价之宝”。其实，当时遭受破坏的不止是碑刻，就连炉神姑的神像也难逃厄运。“破四旧”时期，村民曾自发将炉神姑的轿子抬到自己家中藏起来，后因有人举报，镇上派人搜了出来，抬出去烧毁了。当时轿子里的炉神姑雕塑栩栩如生，毁掉着实可惜。

20 世纪 50～70 年代，在国家反对迷信以及“文化大革命”的影响下，村里没人敢提起重建炉神姑庙宇的话题。据村民回忆，有段时间村里出事特别多，经常有各种意外死亡者，如车祸、淹溺等。当村庙不复存在，炉神姑不在场，村里一旦发生灾难，村民便将原因归咎于此，内心不得安宁。在村民的心目中，此时的炉神姑已经由一个孝女形象，衍化为地方社会的保护神。正因如此，在“文化大革命”期间，虽然庙宇已经破坏，庙会也中断，但虔诚的村民依然会偷偷地去庙宇原来的位置祭拜，在那些残砖烂瓦旁磕头、烧香。显然，信仰的力量是异常强大的，炉神姑信仰早已根深蒂固埋藏于孟家村广

大民众的心底，并成为他们的精神寄托。可见，无论炉神姑的神像是否存在，也无论其庙宇是否存在，广大乡民内心对炉神姑的敬仰和祈求却是一直存在的。而且，这种心灵的诉求会随着生活环境的压抑和内心的焦虑愈加深沉、愈加激烈。

事实上，正是这种群体性的强烈心灵诉求成为孟家村炉神姑庙重建的基础。20 世纪 80 年代，党的宗教信仰自由政策逐渐落实，为孟家村重建炉神姑庙宇提供了契机。1987 年，村中老人孟庆云逢人便说，炉神姑夜里托梦给她，让她号召村民把殿宇修起来。于是，潜隐于村民内心的关于炉神姑的群体性记忆似乎刹那间被唤醒和激活。广大村民积极响应，有钱的出钱，有力的出力，甚至七八十岁的裹脚老太太也赶过来搬砖添瓦。当时建庙之事乃民众自发组织起来的，偷偷地盖，并没有向上级申请。结果盖到了一半，平了口只等着上梁时，被镇政府知道了。政府部门认为盖庙就是宣扬迷信，便派人用大绳将庙墙全部拉倒毁掉。据村民回忆，这无疑是一件“灾难性”的大事，那些参与修庙的老人们，特别是老太太们，伤心地暗自流泪，整夜睡不着觉。民众认为，建庙不是迷信，而是一件弘扬“孝道”的好事。他们说：

> 1988 年重建了一次，当时大殿都平了口了，（可是上级）没批准啊。那时候是公社，镇上带着人，连社长带书记，带着绳子，都（给）扒了。原先北大殿是厚墙，大黑砖，窗子也小，很破旧了。（炉神姑庙）重修很多次了，碑上都记着呢。（20 世纪）50 年代这里是园艺场，（土地）属于国家的。在北边地里种棉花，干活的工人在这里住着，庙（址上）盖了大屋。那个西殿、东殿原来还都在，都住上人了。四几年破除迷信，神像都掀了，庙里就没有神了，园艺场就在这住下了。住下以后，园艺场和孟家（村）打官司，（因为）这是孟家（村）的地啊，（后来）又要回来了，60 年代要回来的。要回来之后属于孟家村管着，以后西边建了学校。那时候，神像没了，碑被放倒，做了坚厥石。“文化大革命”红卫兵造反，“破四旧”，将所有旧的东西都砸了。这碑呢，砸了后就堆在那儿了。原来（碑）是（给）这个屋做根基，后来屋被扒了，（碑被）扒出来之后又做了花墙。就那一个碑砸了个角，保留下来了。1988 年老工人开始想着重修（庙宇），都是（村民）捐款。

有了这次教训，村里退休工人赵振甲（孟庆云的丈夫）和李进忠便主动

四处搜集材料，将炉神姑"舍身救父"的孝女事迹整理出来，一级一级往上申报，由镇到市、再到省。20 世纪 90 年代初，在他们锲而不舍的坚持下，上级部门终于通过了建庙的请求。在村委会的支持下，1992 年村民开始筹建庙宇，1993 年开始在原址动工建设，费用全部来自于民众自发捐献的善款，甚至淄川、桓台、博山、临淄等地的一些信众也纷纷过来捐钱。为了更好地建设，赵振甲等人特意去了博山颜神庙，仿照颜文姜小姑子的寝室的样式建成北大殿。庙宇建成时，村民无不欢欣鼓舞，拍手相庆，对此，村民仍旧记忆犹新：

炉神庙被扒了影响很大，(村民)都不愿意啊。退休工人也都上去报，找民族委员会，一直找到省里，就批了文了。她(炉神姑)就是孝女，能教育人，能提高当地文化，信仰她没有什么反动性。于是重建炉姑神庙的请求被批准了。1991 年盖的时候我也参加了。这个北大殿要建成什么样式的呢？我们商量一下决定，去博山颜神庙看看人家是如何建设的，还带着一个画图的。根据颜神奶奶小姑子那个寝室样式画好了图纸，回来以后盖了那个北大殿，和颜神奶奶那边一个样。后来的东殿是香客们要求建的。以前的香客很多，现在少了。从前开庙会时都有很多人，外地人也都来这里捐钱。当时庙建成后，来的人很多，以后又起了集嘛，唱戏的唱了好几天。打那日本人侵略这里后，没集了。[①]

这次重建从 1993 年春节开始到 1994 年农历十月底结束，历时 22 个月。建成后的炉神姑庙东西长 52 米，南北长 54 米，总面积 2808 平方米，建筑物包括大殿、西殿、东厢房、钟楼、东西耳房、中门、影壁墙、王灵官舍、东西凉亭、大门、院墙以及花墙。另外，还增建了办公室四间、打水井一眼，主要建筑全部采用砖木水泥结构。大殿内塑神像 7 尊，中间为炉神姑像，两边分别是四季老母、眼光奶奶和送生娘娘像。西殿内塑神像 8 尊，按照清朝光绪二年(1876 年)重修碑记的神像座次排列的，分别是汉代广武君李左车、周代左将军成无已、宋代右将军周秀生、五代必胜将军白以合、晋代司马永平侯李守运、宋代司李杨天志、汉代常门军李玉、五代丞员郎郎中王心仁。

① 访谈对象：孙大爷，70 岁，孟家村人；访谈人：宫慧珉、赵荣；访谈时间：2011 年 9 月 24 日；访谈地点：孟家村炉神姑庙。

王灵官庙

中　门

新建炉神庙落成之后，上级有关部门对此作了审查登记，正式发给了证明文件。村里也专门成立了庙宇管理委员会，负责善款的接受与使用。1997年，庙委会又花费数万元增建了两间偏殿，重修了院内景观，美化了庙宇。1998年，应广大信众的要求，村委出资1.5万元，加之大王村与大路村几位捐款人的支持，先后增建了两间北殿，增塑了观音菩萨像，重新铺设了里院地面，改建了火池，整体建筑面貌焕然一新。2009年，桓台一对开工厂的夫妇捐献6万多元，庙里又凑上2万元，村里凭此对庙宇又进行了一次大规模修缮：改建了东大殿，并增塑了西王母像、天姑以及七仙姑等塑像，在三座大殿新铺了彩石地板，墙壁重新刮瓷，将火池迁至外院，修缮了王灵官舍，同时硬化了里院场地，新建办公室四间。

至此，孟家村炉神姑庙的整体格局大致落成，有北大殿、西大殿、东大殿、钟楼、东西耳房、中门、大门、影壁墙、凉亭等建筑，院落红墙黄瓦，十分美观。庙大门坐北朝南，上有“炉神姑庙”四个镏金大字，两尊石狮分立两边，门上方有“孝道显扬”四个大字。进门后庙前院内翠柳松柏，花红草绿。大门左右两边为庙宇管理委员会办公室，东、西两边各有一座凉亭，红柱黄瓦，美观大方。前面是影壁墙，影壁墙左边是王灵官舍和火池。影壁墙北边是中门，门前也有一对石狮，门上方有书法家李耀东先生题写的“格天佑民”四

个大字。门两旁耸立着十六通碑刻,最早的碑刻几经战乱早已丢失。现存最早的是乾隆十九年(1754 年)四月十五日《重修炉神姑庙碑》,还有清嘉庆、光绪年间及民国时期的重修炉神庙碑。进入中门,两边分别有两块碑刻,左边是仓库,右边是钟楼,院子里有香炉。迎面便是炉神姑庙大殿,大殿采用砖木、水泥结构,黄色琉璃瓦盖顶、大红门柱、花脊龙头翘角卷厦,多姿多彩。殿内炉神姑坐在中央,左、右分别是眼光奶奶、送生娘娘以及四季老母,两壁有张店画师王永笑绘制的大型壁画《炉神姑生平》、河北书法家王志刚书写的《炉神祭》,为大殿增光添色。西耳房里面是炉神姑的卧室,里面有她的床、轿子以及各种用品。东耳房里面供奉的是三莲姑、观世音菩萨和观音老母。西殿里面供奉的是 8 位老爷。东殿里面则是西王母天姑以及七仙姑。整个院落红墙黄瓦,十分美观。庙宇基本格局的简图如下:

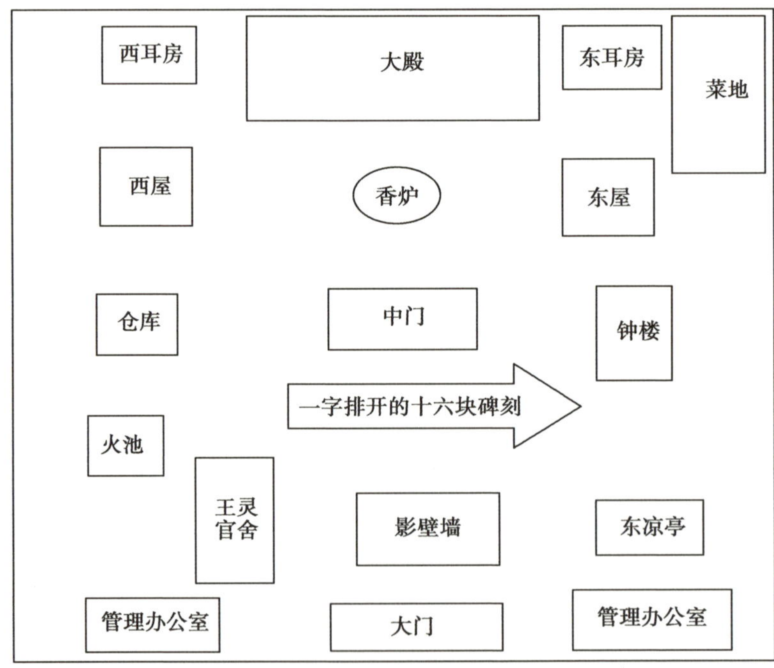

庙宇格局示意图

大殿外景

大殿中炉神姑神像

大殿两侧墙壁上绘有炉神姑故事的壁画

大殿中位于炉神姑左、右两侧的神灵

（自左到右分别为：冬季老母、秋季老母、送生娘娘、眼光奶奶、夏季老母、春季老母）

钟　楼

影　壁

炉神姑庙最近几次重修都是在村委会的支持下进行的,"功德碑"上显示村委会在1998年重修时曾捐款15000元,其余全部为民众自发捐款修建。近20年来,建庙一共投入了六七十万。从"功德碑"上来看,该村村委以及村民的捐款只占一小部分,大部分是来自外部的捐款,特别是一些企业老板,以及附近一些厂矿企业的大额资助,涉及范围广泛,捐资人数达到了数万人。从某种程度上来说,炉神姑信仰在当下达到了兴盛的状态。

探析炉神姑信仰兴盛的原因,必须将其置于中国社会近百年历史发展的大背景中加以考量。从庙宇重建的过程可以看出,炉神姑信仰命运多舛,历经波折。而炉神姑信仰在当下的兴盛不是一个简单的再造神灵的过程,而是在当代语境下,怀有不同动机的人们对地方传统予以不同选择的"重建"过程,是人们选择性地架构过去以与当代共鸣的过程。炉神姑庙宇的重建和信仰的再次兴盛,是20世纪80年代以来地方传统再创造的一个重要的组成部分,也是在更为宏观的场景当中所谓"民间传统重建"的组成部分。为什么在现代化过程中民间信仰没有随着社会变迁而消失,反而在此过程中得到复兴与重建呢?我们试图从以下几点进行分析。

第一,乡村集体记忆的唤醒与激活:炉神姑庙宇重建的逻辑起点。

村庙是乡村集体记忆的重要组成部分。中华人民共和国成立后,特别是20世纪50年代末以来,国家实际上动用了行政力量以微观管理、全面取缔的姿态严密控制了农村信仰,村庙几乎荡然无存,"四旧""封建迷信"等话语将民间信仰仪式活动挤出了乡民的日常生活。[①] 在如此急剧的社会变迁中,孟家村民众关于炉神姑的集体记忆其实已经沦为潜隐在心中的集体记忆,只有被适当地唤醒和激活才有重塑和再造的可能。通过对孟家村炉神姑庙重建的考察可以发现,关于炉神姑托梦修庙以为村民消灾避祸之说,以及之后偶然事件的"验证",对这种隐藏的集体记忆的唤醒和激活起到了关键性的作用。与此同时,由于村民对炉神姑这一"地方性知识"的理解与共识,经由孟庆云的游说以及村民的积极参与,关于炉神姑的记忆由个体的行为很快地转变成孟家村村民的集体性实践。由此,孟家村炉神姑庙也由历史重新进入现实,回归到村民的日常生活中。

① 参见张祝平:《传统村庙的当代变迁及实践逻辑——浙南Z村马氏天仙殿重建考察》,载《浙江社会科学》2012年第6期。

第二，官方意识形态对民间信仰控制的松懈和地方政府文化政策的改变。

改革开放以后，为了重新确立中华民族的认同感，官方意识形态运用许多具有历史文化内涵的象征取代了以前的强制性政治认同。在炉神姑庙的个案中，我们就可以看到官方和民间互相博弈的复杂过程。20 世纪 80 年代，在政府对民间信仰的控制相对松懈的前提下，基于民众的信仰需求，炉神姑庙得以重建。但这种没有得到政府许可的自发行为，遭到了地方政府的压制。时隔几年，村民们积极地尝试通过合法的路径寻求政府部门的支持，民间精英人士也通过各种方式争取政府的许可。最终因为有了地方政府与民间社会的合作，炉神姑庙的重建才获得了它的正当性。政府利用炉神姑传说和信仰中的孝道积极推动社会道德教育，由此认可了炉神姑庙的重建，带动了地方民间信仰活动的复兴。

第三，寻求文化认同的结果。

炉神姑信仰的兴盛代表着当地民众对自我认同的一种努力，这也是民间信仰恢复的重要原因之一。在村落里，尽管民众彼此之间存在着许多差异性，但是他们共享相同的地缘、业缘，也有同质的文化，因而民众要选择和建构一种象征的共同体，给作为共同体的村落创造出一种特殊的感情和心理状态。孟家村的炉神姑庙重修和信仰的恢复，即是人们为了增强和保持其地方文化认同、恢复地方民间传统而做出的一种努力。当地人认为炉神姑是历史上的著名的孝女，她为救父牺牲自身的崇高孝道精神世代都受到人们的敬仰。因此，在这一片生养她的土地上修庙来纪念她是理所应当的事，更何况这座庙宇古已有之。由此，孟家村村民借助这些来营造和保持村落认同，也通过这些加深了与其他村落的联系。可以说，这里的炉神姑庙、炉神姑信仰是村民对当地社会文化认同的一种标志和象征，炉神姑信仰也具有了一种凝聚机制。如今的炉神姑庙已经成了孟家村的“标志性文化”，成了维系孟家村村落与外界联系的一个重要通道。概言之，炉神姑信仰已然成为一种地方认同的象征和标志。

炉神姑庙获得的奖状

第四，满足民众各种精神需求。

炉神姑信仰具有多重社会功能，满足了地方社会的诸多需求。首先，炉神姑的道德教化功能一直在鲁中地区的社会生活中发挥着巨大的作用。作为一个流传已久的传说，炉神姑扮演着双重角色：作为世俗角色，她“舍身救父”的故事可谓家喻户晓，对于引导民众为人处世的价值取向，起到了潜移默化的作用，能弘扬教育广大民众孝道；作为法力无边的神，炉神姑“惩恶扬善”，时时警戒人们要恪守纲常名教。同时，当地官吏、士绅、道德施教者等也有意识地利用炉神姑事迹教化民众，进一步加强了炉神姑的道德教化功能。其次，炉神姑具有强大的精神维系功能。山东为自然灾害多发地区，鲁中地区属于农业大区，人口稠密，干旱、洪涝等灾害对当地生产、生活影响较大，祈求风调雨顺、人寿年丰成为当地人普遍的愿望。作为一位地方神灵，炉神姑责无旁贷地被赋予了多种职能，以满足民众的诉求与愿景。比如，炉神姑尽管是一位民间女子化身的神灵，但人们依然认为她具有降雨的法力，每逢天旱，人们便纷纷向她祈雨。由此可见，遭遇天灾人祸的民众，迫切需要精神上的慰藉。信奉、祈求救苦救难的炉神姑庇佑便成为民众的精神追求。最后，炉神姑在当地发挥着重要的社会整合功能。围绕炉神姑信仰，当地每年都要举行四次大的庙会活动，这无疑加强了这一地区的社会交往与

联系，有利于稳定社会秩序，具有明显的社会整合功能。

第五，地方文化、经济发展的需要。

孟家村炉神姑庙的重建以及不断扩大规模的另一个重要原因，就是地方政府力图利用地方文化传统来搞活地方经济，这恰恰响应了“文化搭台，经济唱戏”的方针政策。当地政府部门对炉神姑重新定位并尝试利用再造的文化传统来吸引游客，开发地方旅游事业。当地有炉神姑庙、奶奶坟，另外还有黑铁山风景区，这一系列风物成为炉神姑信仰传承与保护的基础。2010年10月23日，张店区文物保护协会组织的“中国冶铁术与炉神文化研讨会”在中埠镇召开。2012年正月十五前后，淄博市张店区的花灯艺术节展出系列花灯，其中便有根据炉神姑传说制作的花灯艺术展。近几年来，媒体也对孟家村炉神姑庙进行关注。如鲁中网有多篇关于炉神姑庙的报道；2012年6月14日，中央电视台第四套《走遍中国》栏目播放的《冶铁之源》，经过多位专家考证，将淄博铁山一带确认为冶铁发源地。媒体的这些宣传、报道极有力地带动了地方文化、旅游经济的发展。

海拔254.6米的黑铁山属于鲁沂山系余脉，自春秋战国起，这一带就出产高质量的铁矿石，引发了齐国冶铁业的兴盛，现在仍是中国钢铁工业的重要原料基地。这里风景优美，也是著名的抗战纪念地，旅游资源特别丰富。近年来，淄博市大力发扬冶铁文化，正在建设黑铁山文化博物馆，其中将包含炉神姑传说展示区。[①] 融黑铁山“冶铁文化”与“孝文化”于一体的炉神姑文化必将提升黑铁山的文化内涵，产生较大的经济、社会以及生态效益。因此，当文化、经济资本开始介入地方的现代化建设，这些曾被视为“封建”“迷信”的地方民间信仰才有可能在现代性话语中获得合法地位，并赢得广泛的社会声誉。

综上所述，孟家村炉神姑信仰的重建并非民间信仰完全意义上的复兴，而是在当代情境下，怀有不同动机的人对地方传统予以不同选择的“重建”过程。从官方的角度来说，它在提倡、利用地方文化传统的同时，也排斥那些被认为与官方意识形态不同的形式，更反对那些借弘扬传统文化之名而行传播封建迷信内容之实的做法。比如说，对于祈雨灵验以及显灵传说所

---

① 参见赵瑞雪、鹿鹏、殷若春：《3年内，张店将建20处博物馆》，http://www.zbnews.net/zbnews/news/ziboxinwen/2011_12_4/1306795.shtml。

谓"封建迷信"的东西，就持反对的态度；在修复炉神姑庙的时候，它也不会对原来的文化传统照单全收，而是大力宣传其"孝道"精神，这对于弘扬传统美德无疑具有不可估量的作用。在申报"非遗"的时候，官方将其作为一个孝女的故事而加以宣扬。另外，官方对炉神姑与冶铁业的关系也大力宣传，商山被视为冶铁业的发源地，炉神姑的传说功不可没。对于民众来说，他们对民间信仰有自己的扬弃观：对于炉神姑的孝道精神，民众在此只是作为教育子女、向外宣传的手段，而真正决定信仰世代绵延不绝的并不全是炉神姑的"孝"，而是民众对炉神姑的诸多精神需求。换言之，炉神姑灵验与否是决定其庙宇香火是否旺盛的主要因素。那些能够解决人们现实生活中的苦难、满足村民信仰心理的行为习俗日渐兴盛，相反的则在社会发展过程中自然淘汰。

炉神姑传说入选市级非物质文化遗产名录

炉神姑庙作为炉神姑信仰的重要载体，是信仰得以延续的重要依托。庙宇的历次重修是信仰延续不断的表现之一。炉神姑庙宇的重建不仅为乡村社会拓展了关系网络，深化了村际联系和乡民社会的人际沟通，增强了社区认同和村落资源整合，而且村庙信仰没有血缘的先天排斥性，且具有很强的包容性，其对村落的整合效力已明显超越了宗族的血缘整合。其实，炉神姑庙宇已成为孟家村宗族以及村落之间联合的纽带。

炉神姑庙是村民休憩聊天的好场所

随着工业经济的市场化发展，传统村庙的重建在一定意义上也是“城市化”“工业化”语境下现代与传统的“文化博弈心理”使然，即人们既渴望现代，又迷恋传统。或者说，村庙重建是生活在当下的人们在迅速推进的现代化进程中，进行自我调适和保护的一项重要文化实践。孟家村炉神姑庙正成为乡土村落连接过去与现在的重要精神纽带，并努力维系着传统村落的空间形态。

三、周边的炉神姑庙宇

炉神姑信仰在孟家村一带影响广泛，除了孟家村建有庙宇外，周边地区也有很多炉神姑庙。这些庙宇与孟家村炉神姑庙互相映衬，交往频繁，一起构成了鲁中地区炉神姑信仰的关系网络与结构体系。

（一）黑铁山炉姑庙

黑铁山是炉神姑信仰的中心地，其北岭上自古便建有炉神姑庙宇。原先的庙宇在“文化大革命”期间被拆除。1992～1993 年，民间捐资重新建造了黑铁山炉姑庙，占地 4730 平方米，大殿及建筑物面积 595 平方米，有北大

殿、西大殿、东大殿,分三个院落。南边大门上写有“炉神姑庙”,有 2 米高的石狮子分两边蹲立。穿过大门,便是炉神庙大殿南门。门两旁石碑林立,最早的碑刻立于距今 240 多年的乾隆年间,门上挂有“佑天佑民”的匾额,两边有石狮。大殿悬有壁画,千姿百态的神像坐立殿内,十分壮观。

每年农历正月的十四、十五、十六日,三月的一百五[1]、寒食、清明,六月的十七、十八、十九日,十一月的十五、十六、十七日,另有三月三、九月九,均为庙会日。在庙会期间,方圆百里百姓纷纷前来进香祭祀,祈求炉神显灵保佑安乐和五谷丰登,并且还在庙前表演民间舞蹈、民间演唱,热闹非凡。

(二)铁冶村炉神姑庙

相传,铁冶村为炉神姑父母家所在地,村中炉神姑母亲的坟墓,俗称“奶奶坟”。铁冶村炉神姑庙建于 2010 年前后,庙内供奉有炉神姑神像,院中有“奶奶坟”,现已被列为淄博市区级文物保护单位。

铁冶村炉神姑庙

① “一百五”,古代节日,指冬至之后的第一百零五日。当地习惯将清明前一天定为寒食节,前两天定为一百五节。这样三天节日顺序为:一百五、寒食节、清明。当地有“一百五,去添土(即扫墓)”的说法。

（三）桓台县索镇炉姑庙

桓台县索镇西镇村西建有一座炉神姑庙宇，又名“炉姑祠”“孝女祠”。《重修新城县志》载：“孝女祠，在索镇，乡宦于崇敕建。”民间传说，该祠始建于春秋战国时期，庙内供奉齐国商山孝女李娥。相传李娥15岁为化铁牛英勇献身救父，赢得齐国上下赞誉，被齐桓公敕封为炉神姑，并令在溡水（今乌河）河畔癸丘东北角建造神庙，以示表彰纪念。随着炉姑事迹的代代相传和孝德精神的弘扬光大，多代帝王对炉姑有敕封。唐高宗李治封炉姑为“商山孝女”，御赐半朝銮驾，拨金数万重修大殿。该庙与索镇大圣寺南北相望，四方百姓多到庙内求雨祈福。后因宋元战乱，大殿被毁。清康熙年间，乡宦于崇敕主持重修，新城县刘大绅书匾额“商山孝女祠”。

炉姑庙占地约600平方米，其中建筑面积500平方米，原庙大部分建筑于20世纪70年代初倒塌，10余通碑也被村民移作他用，现尚存有大殿、东殿各3间。2005年，该庙进行了全面修缮，并增建了三处附属景点：至孝堂，面积110平方米，展出炉姑生平事迹；渠丘堂，面积100平方米，展出索镇历史沿革、历史名人、历史故事；中华百家姓始祖碑林，按园林标准设计，有廊、亭、水面、假山、幽径，安置石碑100多通，铭刻110个姓氏的起源、始祖等，聘请国内著名书法家书丹。另外，园内设8米高汉白玉炉姑塑像一尊。炉姑庙于2002年被公布为市级文物保护单位。

（四）淄川区罗村镇炉神姑庙

该炉神姑庙位于罗村镇罗村东莲花庵内，庙内供奉炉神姑神像。莲花庵系明天启年间建，清乾隆年间重修扩建，宽45米，长60米。庵内文昌阁、韦驮阁已不存，观音阁、碧霞元君行宫、灵官庙、炉神姑庙仍在。其中，观音阁与碧霞元君行宫均为两层楼阁式，面阔3间，重梁起架木结构，硬山顶。观音阁宽5.5米，长11.3米，高12.4米。碑碣尚存。

在莲花庵炉神姑庙的墙上有一处文字，详细介绍了该庙的历史。现摘录如下：

> 此庙古已有之，中华人民共和国成立后一直用作学校门房。因房顶墙面已坏，二〇〇五年于原址重建。

炉神姑实有其人，乃淄博地区一有名孝女。生于春秋时期齐桓公世代铁山冶里村(位于今张店区中埠镇，现名铁冶村)。孟家海子(今称孟家庄，亦位于中埠镇)炉神姑庙碑记："野老有云，昔时山中有物，夜出食人田禾数十项，绕山而居者不胜其苦。官令寻踪，于此得铁牛一只。为之聚工销铄，坚不可化。时有炉役丁姓者，将被刑戮，其女奋不顾身跃入炉中，而铁牛以销。"后人为孝女建庙立像，奉为炉神，尊称曰姑。传说她被玉皇大帝收为义女。旧时逢干旱，乡人即抬上炉神姑座像祈雨，每祈辄灵验。

莲花庵筹建处　公元二〇〇六年(丙戌)年立

(五)淄川区峨庄乡西石村炉神姑庙

该炉神姑庙位于峨庄乡西石村北三佛山南麓的三教堂内。三教堂，初名"圆明观"，集佛、儒、道三教为一体。据宋神宗元丰五年(1082 年)重修碑记载，该庙宇群始建于唐代，宋代重修时改名"三教堂"。寺院中存有明万历三十三年(1605 年)、清乾隆十七年(1752 年)、光绪二十四年(1898 年)的重修碑记。庙宇群中的文昌阁、万仙亭、斋堂、观音殿、泰山行宫、炉神姑庙、石大夫庙、钟鼓楼在"文化大革命"中及修淄峨公路时被毁。2002 年，尚存三组建筑：山下组，自东而西由纯阳阁、玉京金阙殿、仙临殿、佛爷殿连成一体，多为石材建筑；半崖组，院落长约 20 米、宽约 5 米，依山而建地藏菩萨殿、白衣大师殿，砖木结构，均为独间；山上组，称"玉皇顶"，是一长宽各为 20 米的院落。山门东向，前院西侧为灵官殿，后院正殿为玉皇殿，砖石结构，无梁，院中有东、西两侧殿，砖木结构。2002 年，山上组东北处新建一塔。

(六)淄川区龙泉镇渭头河村炉神姑庙

在淄川区龙泉镇渭头河村的龙王庙群中，最东边院落的北殿里供奉着一位女神炉神姑，她眉清目秀，神态安然，衣着华丽，端坐在冲正门的暖阁中，终年香火不断。过去，每逢久旱不雨，人们便把炉神姑抬出，沿街祈雨，形似闹元宵扮玩。

第六章
炉神姑庙宇碑刻

在中国民间社会，每逢庙宇新建、重修、祭典等重大事项均要立碑为记。历史上，孟家村炉神姑庙历经反复修葺，并由此遗留下来许多碑刻。这些碑刻饱经风霜与战乱，有些已难觅踪迹。被保存下来的碑刻，向世人讲述着炉神庙曾经的兴盛与沧桑，成为我们研究炉神姑信仰变迁的重要史料。目前，孟家村炉神姑庙内共有各类碑刻20余通，其中，1949年以前的碑刻9通，现代碑刻10余通。

一、1949年以前的碑刻

在孟家村炉神姑庙内的碑群中，1949年以前的碑刻共有9通，最早的立于清乾隆十九年（1754年），最晚的立于1922年。其中，重修炉神姑庙碑6通，分别是清乾隆十九年（1754年）重修炉神庙碑、嘉庆十九年（1814年）炉神庙碑记、清道光二年（1822年）修炉神姑庙碑、清光绪十四年（1888年）重修炉神姑庙碑、1922年重修炉神庙碑（2通）。此外，还有道光十七年（1837年）修炉神庙钟楼碑1通，光绪二年（1876年）重修卷西殿神像碑1通，1922年孟家村修复庄西水道及建志成桥碑1通。

这些碑刻记载了清代与民国时期炉神姑庙宇的修建历史，还原了炉神姑传说的演变过程；碑刻中的捐款记录还呈现了当时民间社会的信仰组织形态与运作机制，对我们了解鲁中地区民间社会形态具有重要的参考价值。

(一)清乾隆十九年(1754年)重修炉神庙碑[①]

清乾隆十九年重修炉神庙碑是炉神姑庙内现存的最早的石碑。在碑阳部分，作者开门见山强调了“孝”的重要意义，然后记述了炉神姑成神的传说，故事发生在战国时期的齐国商山，起因是“铁牛之祸”，冶工被“限以时限”，不能炼化铁牛会被处以极刑。眼看期限将至，铁牛顽固不化，身为“冶家之女”的炉神姑，为救父舍身投炉，铁牛方熔解。碑文作者在记述这一传说时，强调了它是“父老传谓”之说，也就是说，该碑文采集自民间百姓口口相传的故事。上述故事情节与今日孟家村一带流传的炉神姑传说大致相同，这说明清乾隆年间炉神姑的传说在孟家村一带就已经定型了。作者最后歌颂了炉神姑的伟大事迹，借此强调炉神祭祀的合法性以及炉神姑庙的正统性。

清乾隆十九年重修炉神庙碑

碑阴部分主要讲述了重修炉神庙的经过。作者首先颂扬了炉神姑有求必应的灵验以及庇佑一方的功德，接着点明了重修庙宇的理由：炉神庙历经风吹雨打，年久失修，破败不堪，不足以教化风俗，最后描述了重修后炉神庙的新貌。值得注意的是，碑文中提到了炉神姑的神职不仅能降雨，驱除各种灾祸，还能为民众祛除疾病。可见，此时的炉神姑已经从一位行业神演变为一位具有各种职能的地方保护神。兹将碑文抄录如下：

郡庠生逯维藩撰文，里人董克猷书丹重修炉神庙碑

国家祀典之制，总因捍患御灾，忠君孝亲，卓越其行，足以鼓舞斯人

① 2011年9月24日，李生柱、宫慧珉根据原碑文整理。

耳。炉神一女子，其忖何以祀文历千秋而不绝乎？父老传谓：齐时商山有铁牛之祸，浚命冶工化之，限以时刻，逾则置诸极刑。炉神以冶家之女，饷于其所见限期已至，而牛之炰烋如故，恐父被诛，跃身炉中，牛然以解。以其事闻之天子，敕封为神，配享于炉庙祀，至今不绝。呜呼！古今来鬓眉丈夫众矣，而能建功业、尽忠孝、表厉风俗，不与草木同朽者，不可多得。而女子可如是耶。除一方吞噬之祸非，捍患而御灾乎，释王心之忧，而免其父于无非，忠君而孝亲乎。不惧焚骨碎身而雄列，足风其鼓舞斯人，又何如乎。夫淮阴漂母以义而祀，颜山顺德以孝而祀。炉神之心视而夫人为更苦，炉神之行视而夫人为尤烈，俎豆千秋，谁云不宜如执淫所祀之说，而以此举为乡父老之见，则误矣。

石匠　王端　泥瓦匠　邵燃

住持　赵明子

乾隆十九年四月十一立

里之东北隅，旧有炉神庙，盖以威灵昭著、保障一方而享斋之也。天灾流行，何时茂有建祠而后遇旱，难辄祷雨，虫蝗灾冰雹之灾，经过无所苦，以故构屋楼，神历代因仍，无如岁月，为人上千旁，风摧残日甚，苔生陛所，空来道路之嗟耳，满梁生杂，结人天之果，父老顾盼徘徊，重念国家以孝治天下，炉神有庙若此，何以劝厉风俗，由本里而达之四村，由四村而达之外郡县，螺集鳞聚，踊跃鼓舞向之，破瓦颓垣化为禾黍荆榛者，忽而彩画辉，煌焕然维新矣。传曰：至孝可以通天地动鬼神，炉神生既捐躯以救父，没又神于一方，覆庇人民，其孝之至者欤，广受香火，庙纪于无穷岂不宜哉。

郡庠生逯维藩撰

里人董克猷书

皇清乾隆岁次甲戌孟夏

（二）清嘉庆十九年（1814 年）炉神庙碑①

该碑记录了淄邑上河头庄孙门李氏因承蒙炉神姑庇佑而召集刘汉三、孙焕章等数位善人集资捐款的事，立碑主持道人为刘嗣云。碑文先讲商山风景之秀丽，再讲炉神姑的贤德与灵验，最后记载了众善人捐资的事迹。该碑记如下：

清嘉庆十九年立炉神庙碑

炉神碑记

盖闻山者一方之雄镇也，粤稽济郡北二百余里，古有商山，四面峭群，烟霞澄彻，诚天造地设一奇观矣。及钟秀祥发，出一孝女，以贤德敕封炉神，虽代远无从考，遗传宛在，四方善男信女共举香火，莫不感其灵应焉。更神者祈祷雨泽即练云生水，恰民志恭祝疾病即默施保愈，解祸免灾，福佑无疆，四方感德无极矣。爰是，淄邑上河头庄孙门李氏，蒙恩渥厚，会集数人各捐资财共立碑碣，以筹神庥亏。

淄邑上河头庄领袖善人孙门李氏

刘汉三

善士孙焕章

淄邑愚谷尧久撰并书

淄邑石匠苗维甲

住持道人刘嗣云

大仲冬

① 2011 年 9 月 24 日，李生柱、宫慧珉根据原碑文整理。

（三）清道光二年（1822 年）重修龙神庙碑①

道光二年重修龙神庙碑

该碑文记载的是道光二年重修龙神庙之事，由贡生赵立伸撰文，庠生刘源泗书写，道人刘嗣云主持完成。龙神庙位于炉神庙前，碑文作者指出，炉神姑求雨灵验一来是因为她"大孝格天"，二来是因为她旁边的龙神"实有力焉"。但是炉神姑殿前的古庙矮小破旧，与正殿不相称，因此，四邻八乡的善人捐资为龙王重修居所，立此碑为记。此碑经风蚀，部分字迹模糊不清，故收录时部分内容缺失。该碑记如下：

盖闻事之不惬众心者，不必轻举以耗财，而神之有庇民生者，不容亵越以获戾。孟家庄之炉神，凡骄阳为戾，一经祈祷无不旋降甘霖，虽其大孝格天而云行雨施，龙神实有力焉，凡兹近村□受惠者屡矣。殿前旧有古庙一所，甚湫隘，与正殿不称，因于阶下修两廊庑，廓其规模以妥□龙神。邻村诸君子各乐布施以蕆其事，然鸠工庀材首事人之力也。工竣矣，因勒诸石以志之。

商家庄施钱三拾八千，请召庄韩建捐钱□□□，张赵庄捐钱又二千，店子庄捐钱二千□百，张庄捐钱六千□百，李家庄捐钱五千……

贡生邑人赵立伸撰

淄川庠生刘源泗书

石匠宋立贞、耿曰斗镌字

住持道人刘嗣云

道光二年岁次壬午六月穀旦

① 2011 年 9 月 24 日，李生柱、宫慧珉根据原碑文整理。

（四）清道光十七年（1837 年）修炉神庙钟楼碑[①]

该碑立于道光十七年，记录了道光九年至十七年间炉神庙增建东禅舍、扩建山门、新立照壁以及新修钟楼等事项，碑阴附有捐款者名单，从中可知，募捐者不仅有个人，还有周边的村庄与商号。该碑记如下：

丁酉之春，炉神庙有钟楼之建，匝月而工已竣。是役也，捐施姓名甚伙，而董其事者，里社数人而已。夫是庙之创建有年，近岁屡有修营未经志表。自道光九年增筑东禅舍数间，山门廓而大之，屏开宏厂门之南，新立照壁，俱改前规，且使甬路砥平，绕垣比整，而钟楼尚无力继葺之前，因甘霖屡祈有数村为铸新钟者，危楼欲坠莫之系也。里人方议修整之难上岁，高苑邑侯祷雨来此，既被神庥乃命住持尼僧疏缘募化，四方皆踊跃劝输，而工遂速竣矣。噫，人之好善谁不如我，况，神之灵佑兹土沛泽正靡涯乎，今志之以示弗谖，后有作者当亦不薄待斯人。

道光十七年修炉神庙钟楼碑

道光十七年五月丁丑朔乙酉科副贡段承烈撰并书

首事外捐　庠生　孙其梅二千、赵德辉二千、石道远一千

从九　孙衍谱三千、段鸿五千、段鸿功五千、石得禄二千

考老　马永祥二千、孙其拘二千、葛存宝三千、侯服远二千、马永祯二千、刘元基二千、段承烈三千、孙衍诚二千、王濯□三千、刘怀金三千、孙从善二千、王亲光三千、裕振三二千、石清远

① 2011 年 9 月 24 日，李生柱、宫慧珉根据原碑文整理。

三千、赵衍桂二千、□二千、王□显三千、董肇基二千

窑匠　王景元、朱元

石匠刘□保、刘□清刊刻

住持尼僧普欣

弟子通顺

敬立

善箓同登

松盛号五百、广顺号五百、王氏住北关四千、东路六千、西路六千四百、南路九千、北路七千、余春如一千、候补县奉锡光、高苑县正堂吴□、典史王熙捐钱五千、蒋师爷一千、仁义当二千、广成当二千、桓□号一千、协盛号一千、礼盛号一千、广义号一千、保合堂五百术固庄十八千、钟庄一千、传家庄一千、太平庄一千四百、北张王二千、王家桥二千二百、段家庄六千四百、大张王十千二百、孟家庄捐钱二十六千、大王庄五千五百、圣王庄二千□百、小新庄三千二百、侯家屯二千五百、李家屯一千三百、杜户庄一千六百、小薄家五百、大薄家九百、梁□家庄一千、上庄一千三百、郭□行庄一千三百、□黍庄一千二百、艾庄一千、□里庄二千、高铺庄二千七百、张赵庄六千、南仇庄捐钱十四千四百、祠林庄三千、马连行二千、曹、宋家庄二千五百、白□城庄一千五百、从□庄一千六百、广郊堂一千、查家下庄一千三百、王家庄一千三百、恒昌号五百、保亮堂五百、□二号五百、福来号五百、恒德号五百、新胜锅店五百、义□锅店五百、成兴锅店一千、恒盛号一千、广聚当捐钱四千、公兴号一千、惠怒号一千、天德号六百、六合酒店六百、东□鱼店五百、□□□六百、金清镇零捐钱二千一百、王学□□□、李不石□千、□□□二千、齐来同二千、王□□慕捐六千、王云□六千、王钰三千、万廷禄一千、王宝书五千、刘永　五千、段大廷三千、孙怀珍二千、徐化龙一千、杜家庄二千、西古城二千、北焦宋三千、孟□功□□、监修维修□□、王□□、□□□□、刘世忠一千、莫乘庄□□、凤凰庄七百、福山庄七百、六端六千、任景唐一千、□下庄捐钱二千、于汝璜一千、孙谋忠一千、李□林一千、龙池一千、□□梁人唐王□□。

（五）清光绪二年（1876 年）增立西殿神像碑[①]

这是光绪二年重修炉神庙西殿广武君神像时所立石碑，同时修建的还有大殿山门等建筑。值得注意的是，碑文中首先讲述了炉神姑成神的过程，只不过故事发生地点变成了吴地，发生时间为吴大帝时期；较之以前的版本，碑文中记录的炉神姑传说新增了许多细节，如炉神姑的姓名、年龄、投炉时的具体情境等；而且碑文明确指出孟家村当地的炉神姑信仰正是受此影响。这些文字说明了地方文人以及官方文献在炉神姑传说的传播过程中所扮演的重要角色。碑文如下：

清光绪二年增立西殿神像碑

① 2011 年 9 月 24 日，李生柱、宫慧珉根据原碑文整理。

增塑西殿神像碑记

广武君，炉神之奉祀也，考渊鉴类函载纪闻，宣城郡青杨县梅根冶孝女李娥，吴大帝时，父为铁官，冶一夕炉竭，罪当诛。娥年十五，痛伤之火烈投炉中，娥所蹑二履浮出，身则化矣。汁塞炉而下凡，亿万斤，吴俗铸铜铁先为娥立祠。环宇记梅根山，晋立梅埭冶，今作铁冶于临城。吴录地理志，铜陵县自齐梁之代为梅根冶，以烹铜铁。是□神，为吴人梅根，为吴地建庙于此，以北近冶里村，前代商山之东，曾设铁官冶，故立祠以奉祀，与□神以孝格天，祈祷灵应不可殚述。自道光丁酉葺修已四十年矣，大殿山门不无损坠，而卷厦则为檐溜灌注势将倾圮，今易之以石上下栋宇，新为营造，式焕前规，其西殿奉□广武君之祀人尽知之，而旧有□神像七尊，卑而近亵不足以壮观，瞻亦无以答灵贶，前既未详列□尊神之讳，恐久而就湮，因虔祷□尊神默示年代姓氏封爵塑像与□广武君同尊神者，或除旱魃，或动风雷，或驱疠疫，皆有功德于民，而能御灾捍患，并庙祀之礼宜然也。兹则楹桷丹雘较曩昔更焕然矣，工既竣，勒石以记，四方捐资者好善有同心也，登载□尊神爵讳于上，既以正前日之讹传，又知西殿奉祀之非无稽云。

宋司李杨讳天志

晋司马、永平侯李讳守运

宋右将军周讳秀生

汉广武君李讳左车

周左将军成讳无巳

五代必胜将军白讳以合

汉长门军李讳玉

五代丞员郎郎中王讳心仁

段承烈撰时年七十有三

罗金章敬书

督工领袖段承烈男秀林捐钱三十千

临淄劝捐首事　齐鑫二千、王稚香三千、史景□二千、□平幸二千，齐万年二千、齐覆泰二千、王日圻二千、赵锡三二千、袁宗朱三千、吴文田三千、岩邨氏□□、孙元冬四千、李观宗三千四百、李绣五千、赵祈年七千、段政修二千、罗兴邦七千、王立练五千、李景宗□□、縪嗣普□□。

蔡允元十五千保定博野人在临淄署内还愿

木□□石块、彩画桩塑工匠共支钱六百十四千

□□□

住持僧尼通顺徒孙元青

大清光绪二年岁次丙子季秋菊月中浣之吉

(六)清光绪十四年(1888 年)重修炉神姑庙碑①

清光绪十四年重修炉神姑庙碑

这是一通光绪十四年重修炉神姑庙时所立的碑。碑文延续了先前碑记的叙事风格,先讲孟家村炉神姑庙的地理方位,再说炉神姑孝德格天,故民众祈雨灵验,接着讲了一件灵验的故事:光绪丁亥(1887 年)五月,时值当地大旱,周边 40 余村落结社祈雨,不日灵验,大雨滂沱。祭祀期间,民众见庙内大殿、陪房、钟楼、山门等年久失修,所以积极募捐修建,完工后立碑为记。这块碑详细地记载了当时结社的 48 个村庄,是我们研究清末鲁中地区乡土结社组织的珍贵史料。碑文曰:

益都县西北乡孟家庄旧有炉神祠一座,西近铁峰,南屏金岭,形势之胜远近同瞻久矣。仰维神灵祷雨辄应,盖孝德上格乎天,斯仁善下及

① 2011 年 9 月 24 日,李生柱、宫慧珉根据原碑文整理。

于众，故历代以来，被泽者多置行宫，而王旺庄等四十余村亦因屡沐惠而立社也。岁在丁亥五月间，时值亢旱，同社择吉设坛赴祠以祀甘雨，拈香之祭，见殿宇及陪房钟楼山门，经风雨之剥，至瓦瓴之残缺，咸相谓曰："是宜修葺。"及安坛三日后，云雨滂沱，禾稼勃兴。凡在同社，既备优歌，以献微忱，并议及修补殿宇等处事，无不欣然悦从。因于今岁仲春，鸠工修整，焕然一新。告竣工之日，董事诸公屡祭，录其始终，以明斯举也。非敢竞言，重修亦聊以志同乡往之之诚云尔。

临淄邑庠生孙逢吉撰文

临淄邑庠生王十洲书丹

石工孙元章

住持元至、元青、元兴

大清光绪十四年岁次戊子杏月

首　事

上河头、台上、殷家庄、曹家庄子、于家官庄、后下庄、高家庄、东齐家庄、王海寨、西召口、中金召、南坞、薛家官庄、薛家屯、蒋家庄子、徐家屯、东召口、枣园、谢家屯、史家河头、王旺庄、大柳树屯、徐王庄、六天聚、北金召、六百户屯、西齐家庄、李家庄子、石坟官庄、山北头、槐树务、红花园、鲁家庄子、朱台、南高阳、朱家庄子、衙里、立子营、官厂、耿家坡、南金召、宁三庄、北高阳、香房、城子里、赵家庄子、郭家桥、前下庄

仝立石

(七)1922年孟家村修复庄西水道及建志成桥碑[①]

这是1922年孟家村修复庄西水道以及建志成桥时立的碑，立碑时间与下文的重修炉神姑庙碑相同。可见，修建庄西水道、志成桥与重修炉神姑庙应为孟家村当年的三件大事，而乡贤在其中起到了重要的组织作用。碑文如下：

① 2011年9月24日，李生柱、宫慧珉根据原碑文整理。

永垂不朽

孟家庄修复庄西水道及建志成桥碑记

从来与兴大利者不顾小害，急公义者弗吝私财，益之仁君兰亭有为，按孟家庄地势西北高而东南下，西近铁过，旧有水道至庄园墙外折而南，再折而东，年久淤塞，霪霖为灾，又□新华铁山铁路南北一障，散流之水涯遂冲刷围墙，直入庄之后街而沉溢，北半庄居民疾病潦辄，为食饮及利水器具以救灾□以为常是年者，虽得同意而苦筹款，维非身受者又借端及对证，即中止而□毕君以为兴其再经暑雨重□昏垫人可行之，盖亦由平日急公好义，心之□发扬是禀请□马□禀属实，准予兴修，遂于三月下旬，经始为宜，暂则仅桥成额日志成具有深意，未逾月而□二告竣，从此水当经营时，庄泉之□几有民攻云台之□是举也，计得半数余则□，毕君个人负责为□泷澮灾，不唯同意亦变而为责成即闻风者，亦莫不钦其思心毅力以里人属于记其事勒石，予非阿好亦淮北得旬闻见者。

中华民国十一年阴历闰五月上浣

1922年孟家村修复庄西水道及建志成桥碑

毕绪香捐助沙石等费约有五百吊、李兴孔十六千、李兴孟十千、李兴贵十二千、李长松十二千、李兴伦十千、李玉清十四千、李兴海五百、李方州二千、李殿信五千、逯福祥七千、逯福同十七千、逯福泰二十六千、张裕祯五千、张象和十千、张亦田十四千、张亦祥一千、关斐然一千、杨富德九千、杨茂春九千、赵宗恭五千、赵宗[illegible]十七千、赵宗敬九千、赵宗符七千、赵宗文九千、赵宗明九千、赵宗箓五千、赵宗礼七千、赵宗清一千、赵宗海二千、赵宗祥四千、赵宗祯二千、赵书信三千、赵书德九千、毕创远五千、赵绣承十千、赵鸾承五千、赵于恭七千、赵于宽十六千、刘清吉一千、刘清江二千、刘清和十三千、刘清汉十四千、刘清连十千、刘学周十千、刘传程十四千、刘传曾五千、刘效孔四千、刘效孟八千、王清连九千、王清水九千、王清光三千、王聖修一千、孟广文一千、孟广恭五千、孟昭文一千、石立志五千、石罗宪七千、石奉先二千、孙继业十二千、朱守业六千、朱云智一千、邢本华四千、邢若林五千、耿秉孝十千、韩长有二千、姚凤武十千、姚昇林二千、广裕十三千、逯侯氏三千、李刘氏二千、罗周氏二千。

(八)1922年重修炉神庙碑(2通)[①]

1922年重修炉神姑庙

① 2011年9月24日，李生柱、宫慧珉根据原碑文整理。

1922年，大修孟家村炉神姑庙。这次重修是由毕绪香等7人发起，附近乡邻纷纷捐款资助。据碑文统计，此次捐款者至少来自上百个村庄或单位，涉及范围极广，这也从侧面证明了炉神姑信仰在当地影响之甚。因捐资者众多，故用2通石碑记录了这一事件：

重修炉神庙碑记

益都县仁智乡孟家庄旧有炉神庙在庄之东北隅，每逢岁旱，邻邑及本县附近村庄士绅祷雨辄有应，是以历年久远而俎豆。弗按是，炉神之祀始自前朝，相传为雹神李左车之后裔，父业冶有为，吴王熔铁牛轶事，故炉神以炉名得自传闻，而正史无据也。要之非孝女安足以为神，且能为神而有灵。前清邑侯龚璁为撰楹联云：有此等孝心，生男不如生女，凭这般好事为人，即可为神。可谓包含众说，不粘不脱矣。第神无常祀，有功于则祀之，岁旱用作霖雨，其泽及期民者，何莫非孝能感天乎，斯庙也创建有人，嗣葺有人，近以年久失修，为夏雨秋风所剥蚀，渐就倾圮，若不及时缮完，敝而有憾，则举之于前人，废之于后人，不几为里人羞乡民毕君绪香等，不忍坐视，于是捐赀为众人倡，并多方劝募，集群力而成善举，鸠工庀材缺者补断者，□敝者新不阅，月而庙貌复美轮美奂焉。计是举所费钱千百余，缗其经营筹划毕君之力维多，说者谓尝□女神为妇孺之迷信，而士夫往非之至。□炉神之立庙而祀，则以其有功于民也，恶可以昌黎之谓，□骨梁公之废淫祠例之，重修之举亦理所当然。工竣拟勒诸石罔予为记，撰其意亦感于兰亭序之后，□视今亦犹今之视者，欲以后人遗后人而俾斯庙可以永垂不朽云。

清候补直隶州州判己酉科恩贡王式金拜手敬撰

清邑庠生侯之府经师范科毕业　徐增锦沐手敬书

赞成人郭公田、李际唐、刘连山、于濂溪、赵宗玉、孙延祯

发起人毕绪香、刘清河、李兴贵、王世传、孙立业、赵宗文、逯福太

中华民国十一年夏历十月中浣穀旦

□福同十千、□福泰二千、□福禅二千、□福水二千、□福平二千、□福□二千、孙士兴十千、孙方□十三千、□□□十千、□□□五千、李

兴孟十二千、李兴宝十五千、李兴海三千、李长松五千、李□伦四千、李□信二千、李□平二千、李玉□十千、李玉清五千、赵宗筠十千、赵宗文五千、赵宗符三千、赵宗禹三千、赵宗恭三千、赵宗敬三千、赵宗□二千、赵宗祥一千、赵宗祯一千、赵宗海一千、赵聿德三千、赵聿信二千、刘清江二千、刘清和一千、刘清汉五千、刘清运四千、刘圣周三千、刘傅程千、刘傅呈千、刘效孟五千、王清运三千、王清水二千、王清光二千、王□远三千、王肃承五千、王鸾承六千、王位承六千、王衍恭五千、王衍吉三千、王于端一千、王于宽二千、王于恭二千、王宗森三千、毕绪香、王世傅十三千、王世吉三千、王世道二千、王世大二千、王毓甲、王毓珂六千、王立清十千、王重尧二千、王重亮一千、罗冕□文三千、孟广清三千、孟广河五千、孟广泳五千、孟广福二千、孟广禄一千、孟广文一千、孟广恭二千、孟昭文一千、孟昭武三千、杨签鳌五千、杨甫德三千、杨戎看四千、朱守业二千、苗耕田三千、姚凤武一千、姚化杯三千、邵启富三千、邵启贵三千、邢本华一千、路重祥七千、路重同一千、路光明二千、李兴海一千、李兴儒二千、李芳田一千、边道远一千、王中吉一千、张裕祯五千、张祖和无线、张亦田五千、石立志二千、毕□氏二十千、无名氏二十千、李马氏十千、逯王氏三千、逯侯氏三千、□同氏一千、李战氏一千、毕张氏一千、逯荣氏一千、李孙氏一千、杨武氏一千、李钟氏三千、张边氏三千、王孙氏一千、耿毕氏一千、王张氏一千、广义一千、广裕十千、路东一一千、路心一一千、路立一一千、路光照一千、张延达二千、石延智二千、杨登甲一千

下湖田　寇明声一千、仇王田一千、石毛扼□千

城蒙兴一等警庄　刘恭童五千、牛荣曤五千、牛荣光一千、牛□□一千、牛德□一千、石立华一千、石孔□一千、石□爵一千、石俊三一千、石桥枚一千、石立一千、石广裕一千、蔡回文一千、蔡芳田一千、李连忠一千、赵毛拖三千、赵允茂一千、赵允业一千、赵嗣诚一千、赵守邦一千、赵永圃一千

小杨庄四千　石立坦一千、石子富一千、石维新一千、郭□长一千、罗常太一千

大杨庄　杨纲一千、刘继保一千

亲庄　刘允峄一千、刘允华一千、刘士盈一千、刘思源一千、刘思连一千、刘允楷一千、刘允岿一千、刘允章一千、刘士伟一千、刘士禄一千、刘士琦一千、刘恭宸一千、王效逢一千、王效连一千、王效远一千、王清礼一千、王保富一千、魏法清一千、魏心一一千、魏志一一千、魏銮一一千、魏庆一、魏珺一千、周效礼一千、周连槐一千、周连栋一千、赵鸿文□□、李花奎一千、刘允峻一千、刘允梼一千

东张庄　张王庄　孙世基二千、孙凤山一千、孙魁枪一千、孙吾基一千、孙成魁一千、孙中魁一千、孙宗德一千、孙子鑫一千、孙若□一千、□□□一千、孙淮溢一千、孙魁基一千、孙协一一千、孙丑山一千、孙南一千、李可安一千、李可凤一千

大乔庄　马文桂五千、邓□修二千、邓继□一千、岳奎元一千、岳廷俊一千、张振海一千、赵信朋二千、泽浒崖□□、闫益三一千、翠傅恩一千、周光兴一千、谢家驷一千、谢云龙一千

大寨庄　向振林一千、向维衡一千、向维岚一千

西刘庄十四千　杨荣芝一千、杨荣兰一千、杨肇修一千、杨明清一千、杨敬顺一千、杨永清一千

边家庄□□　边希曾一千

乔托庄十四千　丁国庆二千、丁国宪一千、乔化东一千

□庄十四千　石延河一千、

傅家庄五千　傅崇德一千、傅景春一千、傅作霖一千

刘家庄四千元　商思汉一千、杨志刚一千、杨学礼一千、刘茂德一千、靳连基一千、靳兴基二千

良乡庄　郝建寅一千

王家庄九千　王堃基一千、予允生一千、予允淮一千、予佑祯三千、予家麟三千、宋王氏五千

城东庄十千

董家庄　高□继一千

高炳墟庄五千　高俊元一千

新高炳墟庄三千

张庄　许凤安一千、王家桥十一千、王化兴一千

太平庄　石延龄二千

董褚庄　李海云一千、戴梅经一千

东堠埠二千　单镫灏二千、单亦同一千

中堠埠二千

西堠埠三千

周连岁一千

衡回街　商会一千、□□二千

小北王庄　王清云□□、郑文奎一千、郑画贤一千

澧水庄　河南庄　邢售祥二千

孙莫庄　孙厚忠一千

凉阳　宋总玉一千

柳杭庄　王修仁一千、张申林一千、王存诚一千、

大罗家庄二千　王汝盈一千、王一喜一千

小罗家庄　罗曾文一千、罗治兴一千、罗继文一千、罗凤兴一千、罗钦兴一千、罗鸿训一千

王庄　李际唐五千、李玉川二千、李际虞一千、李际文一千、李际武一千、李际孔一千、李玉海一千、李玉河一千、李玉富一千、李玉深一千、李宗唐一千、周际兴一千、周际成一千、王法贡三千、王法门二千、王善道一千、王心正一千、王家正一千、王君正一千、王本正一千、王振方一千、王善交一千

寨子庄　韦得友一千、魏鸿钧一千、常在和一千、常灶松一千、常得华一千

金领镇　徐岱台二千、徐宓松二千、徐松楫一千、徐江潾一千、徐江津一千、徐江琪一千、徐箴松一千、徐溪松一千、徐旺松一千、公和机一千、协昌机一千、毕衍禄一千、毕衍太、毕衍诂一千、毕衍福一千、王德仁一千、王兴廉一千、往春城一千、王礼林一千、尹兆奎一千、尹桐文一千、战仲清一千、于万仁一千、马福山一千、刘培基一千、薛其椅一千、毛春生一千、王稚书二千、罗通福二千、义兴东二千、田昭明二千、协泰号一千、福顺永一千、复昌永一千、庆昌庄一千、德盛一千、全盛永一千、于之江一千、□凤山一千、盛祥永一千、赵连续一千、协兴一千、王生祥一千、

鸿□济一千、庆昇东一千、长兴福一千、同兴泰一千、协盛义一千、广□堂一千、永祥机一千、宝善楼一千、义祥福一千、昌元堂一千、天德公一千、仁宝堂一千、□□□□□、□□□五千、董之诚一千、董茂尚一千、张锡□三千、戴鸿宝一千、戴鸿远一千、杨宗林一千、樊钰庆一千、樊钰福一千、开德长一千、北刘镇□□□常振曾三千、常玉□一千、常益农一千、常乔氏一千、王致温二千、王荣禹一千、王荣□一千、司本良一千、张恩安一千

小寨　杨登鸿一千、中金□□□、于乐来一千、苗培宽一千

北焦宋五千　孙□桐一千、孙成国□一千、孙鸿对一千、梁□一千、梁志公一千、梁淑□贵一千、魏林谷一千、魏正兴一千、□忠□二千、宋荣水二千、宋玉臣一千、赵□一千、崔中连一千、崔承□一千

北凤庄一千　田俊儒一千、战魏氏一千、马毕氏一千、田王氏一千、新安店三千、于鳌修一千、于忠修一千、于元修二千、于桃修一千、于德龙一千、于运宝一千、王宫厂十千、高步云一千、李□廷一千、张清光一千、张东正一千、张国光一千、张□廉一千、张贻□一千、王道中一千、王道美一千、王道笔一千、朱□孟一千、高□明一年、东冲□□□、路□堂一千、路垂堂一千、路林堂一千、王□深一千、王申家桥十二千、王光□一千、王坤□一千、王□及一千、王兴云一千、毕玉程二千、毕玉年一千、□□长一千、孙际云一千、田王玉□□、张清淮一千

南焦宋　刘□忠五千、刘崇□一千、刘先□二千、毕绪唐二千、毕绪首一千、毕绪祖一千、□□林一千、□林□二千、□鸿□一千、□□□一千、李□□一千、李□□一千、李本干一千、李□□二千、王□□一千、王秀□一千、王秀才一千、商玉□二千、东志和一千、岳世云一千、戴廷柱一千、向维信一千、张□云一千、袁云勋一千

博山　赵鸿昌一千、于安隆一千

未家屯三千

王家庄　赵镜堂一千、张家庄一千、孟广礼一千、邢福德一千、刘大勇一千、王家和一千、张蓝田一千、田京聖一千

太平庄　向立元二千、柴清盛二千、柴清巨一千、柴□纯一千、王长德一千、王恒德一千、王怀德一千、向振基一千

南山千家庄三千　于可庭一千、于连凤一千、谢家万一千、魏谢氏二千、马家庄二千、马万式一千、马怀玉一千、马洪远一千、马成玉一千

仇家庄十千

金领镇　刘□士更二千、刘士傅一千、刘士法一千、刘士□一千、刘家衍一千、刘学语一千、刘曾氏一千、段永修一千、段永刁一千、段重禄二千、毕嗣术一千、毕嗣书一千、毕乐玉一千、毕宗□二千、董侗一千、董懋曾二千、董懋□一千、董永水一千、董作丝一千、董永山一千、董零一千、张赵约□□、刘张氏一千、杨陈氏一千、刘玉氏一千、刘耿氏一千、梁刘氏一千

山东陆军步兵第一团三营营长王守和五千南刘征

山东陆军步兵第一团三营营副张松魁二千

山东陆军步兵第一团三营十一连连长刘连山二千

山东陆军步兵第一团三营十一连一大排长贺冠武一千

山东陆军步兵第一团三营十一连二大排长杜衍河一千

山东陆军步兵第一团三营十一连三大排长刘保国一千

山东陆军步兵第一团三营十一连司务长徐盖海一千

临淄县知事舒孝先六千、总队长李兴隆三千

益都县知事马复昌五千、承审员汪乃骥四千

一等警佐田昭明三千、第一大队长李玉椿一千

第四大队长赵文彬一千、学务委员主任徐增沛一千

铁山采矿主任千位直次等捐大洋十五元

机器房助手张文林五千赵顺成三千高鹏举二千

电灯房助手袁荣绪三千

修车厂助手王京惠三千

木匠房助手王善田三千马自明二千

南刘征庄　孙祠年捐钱四千、孙延祯二千、孙益录□二千、孙□文一千、孙福□一千、孙朝宝一千、孙□潘一千、孙西庙一千、孙道彩一千、孙道原一千、孙洪兰一千、孙德文一千、孙益考一千、孙全兴一千、孙同庚一千、孙本魁一千、孙可恭一千、孙玉瑶一千、孙锡祉一千、孙太宣一千、孙来修一千、孙道明捐钱一千、姜全忠二千、姜传褚一千、王□桥二

千、王敬远一千、王壁二千、李如松一千、李如相一千、吉成玉一千、吉康昌一千、杨福秦一千、于家庄捐钱四千、于嗣敬二千、于嗣兰二千、于嗣明一千、于嗣菡一千、于嗣惠一千、于嗣明一千、于永珍一千、于永德一千、于永远一千、于兴□一千、冯家庄捐钱九千、冯有乐□□、张赵庄捐钱九千、赵鲍如六千、赵宗岁四千、赵启箓三千、赵宗玉二千、赵宗海二千、赵莘玉一千、赵启均一千、赵□龙一千、赵启巢一千、张日创二千、张日栋一千、赵□闵一千、赵兴来一千、乔钟珠二千、乔钟高一千、王代基一千、王绪基一千、刘□王一千

蒋家庄　孙国云一千　社家庄壮复泰一千、□□□一千、□□□一千

大王庄　李家魁捐钱二十千、李亲得六千、李家盛三千、李家峻二千、李家□二千、李家传二千、李修明二千、李文东一千、李桂林一千、李儒林一千、李好得一千、李国林一千、李文福一千、李承孟一千、李承绪一千、李公羌一千、李兴平一千、李金福一千、李家永一千、李家昌一千、李文和一千、李承基一千、李承义一千、李承本三千、李盛平一年、李文海一千、李金孝一千、李家成一千、李金魁一千、李承商二千、李承业五千、李琭一千、李祭念五千、李重明一千、李其忠一千、李其祥一千、李其运一千

薛刘氏一千、李孙氏二千、苑李氏十千、苑昌□五千、苑永祥一千、苑永□一千、苑□一千、胡□成一千、胡逢□二千、韩□一千、□□□一千

南原庄、艾庄、傅家庄、京货行本会、人家庄、田家庄、大张王俱四千、王万成三千、王华云六千、王祀十千、玉王庄十千、张赵庄一五十千、垣昌当捐钱十千、临淄捐钱十千四百、□四礼五千六百、□四功三千九百、□四班四千、禾登芳一千、□□□一千、□金钰一千、□道原一千、王保远一千、于辅铸三千、侯家屯三千、□□正三七百

商家庄、西堠埠、大杨庄、太平庄俱三千、高苑城一千四百、金领四二千二百、五路口二千四百、西古城三千二百、业旺庄三千六百、金领二三千六百、长胡同镇上三千二百、北张王三千三百、术固街十千三百、王泽曾三千、李治荣三千、赵店街二千三百、史家河头二千五百、东西官庄

二千三百四、南韩家二千六百、南□二千八百、孟继春一千九百、刘铎二千、王立功三千六百、□家庄十三千四百、河□庄一千八百

店子街、中和堂利域、西申桥、南金召、兴福街、东堠埠、南普通、朱良镇、南□石、段六经、桐林街、临淄西门董林祥、董家路口、火王庄、东韩家、大薄家、孙晏店、路大说、北金召、段家西坡、路在泮、中埠庄俱二千三

太河庄、王继凰、王继祥、西曹村、吕荣吉、华衍声、中金召、南马坊、于尔□、萧家庄、傅家庄、段家上庄、南罗家、吕文独、刘思华、李家乞、南晏店三门戴氏、天诚和、林聿修、黄进庄、于乎式、道口庄、大河南俱二千

朱堐街、洋虎堐、东申桥、窝铺、上庄、小薄家、王门唐氏、黄门张氏、四角方、郑广业、郑新门、宋家庄、王乐禹、南高阳、东曹村、孙门王氏、孙门刘氏、刘门王氏、孙门王氏(西曹村)俱一千三、武家庄一千四百、演礼庄一千三百、边家庄一千三百、齐道南一千三百

东凰山、黄庇井、盖亨号、大成店、聚宝齐、于楹、梁家庄、开筒庄、苗本庄、源祥号、曹家庄、霍庆云、朱家屯、鲜家庄、傅国纶、刘家下庄、郭天慈、土屋、永盛号、恒昇号、聚成当、董王庄、车家庄俱一千

凤凰庄、王在田、岳庚庄、力元庄、南曹家、于澄清、于西平、赵玉田、淄河街、北次峪、大杜家、张家坡、西茂峪、廿里铺、黑王庄、敬业堂、南于家、周家屯、孙家庄、东安次、中召口、西召口、陈世选三□

边来儒、马家庄、张旅务、段邴经、万通号、陈太和、荣盛号、顾龙墩、顾陆端、顾希清、西于家、仁义店、周荣勤、东古城、董庄、阜书当、王登魁、罗青□、蔡家河庄、李凰池、化龙街周村俱一千

富胜庄、左家庄、干何头、增泰号、俱八百、孙方□九百、李法武一千二百、干塔庄一千三百、牛多善一千三百、东郭庄、齐连昇、吴钦从、焦作林、王行爰、仁有堂、仁昇、水泰、协成兴、裕泰、源盛号、大兴油房、同泰号、顺成兴俱一千

仁从义、孙大珍、董徐榵、董□霖、董蓂一、董心一、□萧□、同昇号、冯建□、冯家台、王成美、殇良祯、王家单、大成兴、恒顺昌、信成兴、心立、天源号、□来店、永兴堂、福德堂、齐□庄、太平居、永和、柱如棠俱五百

刘门祯、王封禾、隆家庄、宋宝圆、老店子、公义号、王念、忠怒堂、公兴堂、同兴堂、河涯头、成兴店、徐流铁、董之和、庆长楼、颐寿堂、恒□、同泰、□泰、德祥和、戴德、刘秉山、王登云、孙荣贞、孙学贞、王士□俱□百

二、现代碑刻

孟家村炉神姑庙在"破四旧"时期被摧毁。1993年，在村委会的主持下，炉神姑庙得以在原址上重建，至1994年农历十月底竣工。后又进行了一些建筑施工，如1997年新塑了炉神姑神像，1998年增建了北殿两间、增塑了观音菩萨像，2000年新铸钟一座，2009年改建东大殿、增塑西王母像，等等。每次竣工，村民均立碑为记。1994年至今，炉神姑庙内共立了10余通石碑，记录了庙宇新建的全过程。现摘录重要的几则碑文如下：

（一）1994年重建炉神姑庙碑记[①]

重建炉神姑庙碑记

炉神姑的传说历史悠久深入人心，历代人民十分敬仰，多次建造和修缮庙宇雕塑神像，一年四季香火不断，庙会繁荣，人寿年丰。由于历史的原因，该庙宇曾几度遭到破坏，至七十年代末，除幸留十几座石碑外，其他设施荡然无存。如今，人们都认识到炉神文化是古齐文化的重要组成部分，研究继承和弘扬炉神文化促进社会主义精神文明和物质文明建设，振兴农村经济是我们这一代人的历史使命。经上级批准，在四方父老乡亲的大力资助下，孟家村在原庙址重建

1994年重建炉神姑庙碑

① 2011年9月24日，李生柱、宫慧珉根据原碑文整理。

了炉神姑庙，现将组建者和首批百元以上捐资者勒石表彰，以示纪念。

主持　孟家村村委会

协办　李玉洪、王传美

施工　孟凡勤、于有静

组建人　赵振甲、王永湖、李进忠、刘士勤、王玉堂

北殿设计王尊明

壁画画师　王永笑

祭文书法　王志刚

神像泥塑　岳桂珍

撰木书作　李见起、刘士明、李新华

镌刻　魏元俊

财经主办　孟庆云

法身像制作　李新华

公元一九九四年岁次甲戌季夏中浣

孟家村　王绪才一百一十元、王佃祯一百二十元、王信祥一百元、王森祥一百元、王智祥一百三十元、王玉清一百元、王玉堂一百元、王永浦一百元、王永淮一百元、王永津一百元、王永江一百元、王永湖一百元、王守臣一百元、王守涛二百元、王永国一百五十元、李建忠二百三十元、李少明二百元、李庆太三百元、李华树一百元、李丰收三百元、李树江一百二十元、李树波一百元、李淑义一百元、李进富一百元、李艾菊二百三十元、刘士勤一百元、刘司武三百元、刘传喜一百元、刘桂芹一百元、刘士平一百元、刘士明一百元、姚洪志一百元、毕振先一百元、毕瑞祥二百元、毕方征三百五十元、毕祯祥一百元、毕福祥一百五十元、毕绪明一百二十元、毕绪光一百元、毕立志一百元、毕天才一百元、毕庆元一百元、洪绪舜一百元、洪绪禹一百元、洪绪才一百元、洪绪德一百元、孙瑞祥一百元、孙秉坤一百一十元、孙守钧一百元、逯元回一百二十元、逯永神三百八十元、逯永桂一百二十元、逯玉滨一百元、张乐公一百二十元、张乐贵一百元

孟家村　张桂滨一百元、张桂芳一百二十元、邢肇清一百元、邢基

勇一百元、邢基财一边元、杨景曾一边元、赵振甲一边元、赵乃聪一百元、赵乃明、赵乃坤一百元、赵振华一百元、赵乃杰一百元、赵振田一百七十元、赵乃俊一百二十元、赵振义一百六十元、赵振太二百一十元、赵素玲一百元、赵乃玉一百元、赵振江一百八十元、赵乃民一百一十元、赵振清一百四十元、赵振禹一百元、赵乃志一百元、赵振庆一百一十元、孟庆财二百三十元、孟凡春二百元、孟凡喜一百元、孟桂兰一百元、孟庆缥一百八十元、孟凡佑一百元、孟凡仪一百元、孟凡勤一百元、孟庆安一百元、孟庆富一百二十元、孟庆河二百元、孟庆杜一百四十元、孟庆溪一百三十元、孟庆源一百五十元、朱奎三一百元、朱艾民一百元

大王村　李宪尊四千八百元、李宪文一百元、李洪训一百元、李法先一百元、李司富一百元、李洪永一百二十元、李洪伟一百元、李辉东一百三十元、李同信一百元、李胜国二百二十元、李超一百元、李庆村三百五十元、薛安明一千四百元、薛安德三百五十元、薛安庆三百元、苑学志二百元、苑昌杰一百元、苑圣祥一百元、苑圣木一百元、胡安民一百元

黄金村　边道英二百三十元、边凤英一百元、杨秀英一百三十元、王素贞一百三十元、乔丙南一百元、李文花一百三十元、刘在培一百元

张家村　张光辉二百二十元、张庆春一百元

中埠村　郭玉泉二百元、刘光辉一百一十元

于家村　甘文德一百二十元、于有静一百元、于有宽一百元、于有发一百元

边辛村　边希贵一百五十元

铁冶村　路艾华一百元、李文杰一百元

铁矿　周光香一百元

管厂　张元良一百二十元、左秀华一百一十元

寇家庄　边树荣一百元

大路庄　路秋香一百元、宋希奎二百元、宋秀艳一百元、褚军一百七十元

小寨村　杨玉后一百六十元

杨辛村　李新华四百六十元、路宝华一百五十元、石荣凡一百元、杨桂香一百元、杨敬尧一百元、杨公元一百元、临淄人士一万元

王庄　于示一百元

披甲　段曾年一百元、刘秀莲一百元

艾庄　崔艾兰一百元、王培柔一百元、砖厂一百元

金西　董德远一百元、毕仪友一百二十元

金东　王玉民六百五十元、刘公政一百元

上湖　岳秀英一百元、张奎香四百元、张奎谨一百元、赵廷君一百元

西下　苗茂青一百元

五零二　刘立海一百元

南官庄　鱼金香二百元

张炳村　张艾华一百三十元、高振言一百元

大高庄　彦秀莲二百五十元

淄川刁桥　□凤祥一百元

辛安庄　子得禄一百五十元

张店　毕立群一百元、□凤英一百元、潘玉芹二百元、任玉君一百元

辛店　栾淑云一百元、苏玉霞一百元、祖还春一百元、岳桂珍一千一百元、李月英一百元、冷桂香一百元、杨秀林一百元、郭文云一百元

小张　于寿镇一百元

小杜　杜玉泉二百二十元

杨家坡　曹家英一百元、张艾英一百元

段家　段可当一百元

田家　赵兴业一百三十元

堠埠□　李秀芹一百元、单亦奎一百五十元、陈淑清二百一十元

西高留　彦秀荣二百六十元

大张刘东　田家金一百元

益都城　贾志仁一百元

台北市　赵紫峰一百元、赵家鲁一百元

博山　周毅芝一百元、李文姨一百元、孟家村委五千元、罗公光一百元、苗恒青一百五十元、苗忠云三百八十元

辛店　姜玉莲二百元

毛拖　牛立昌一百元

大路　宋希功一百元

杨辛村　李新华一百元

大王村　李宪尊一百元、薛安明一百元、高福荣一百元

大路村　朱美英一百元

北焦宋　陈佩芳一百元、魏元乐一百元、魏纪邦一百元

金东　王玉民一百元、闫相荣一百元、闫光明一百元、王衍荣一百元、薛忠义一百元、薛红一百元、薛翠玲一百元、路秀梅一百元

铁冶村宫会果一百元

孟家村委一万五千元

孟家村　李进福一百元

王村　王本忠一百元

黄金村　乔东兴一百元

(二)1995年重建炉神姑庙第二碑记[①]

1995年重建炉神姑庙第二碑

① 2011年9月24日，李生柱、宫慧珉根据原碑文整理。

重建炉神姑庙第二碑记

炉神姑庙的重建工作是在孟家村村民委员会的领导下进行的。从一九九三年春节开始到一九九四年农历十月底历时二十二个月圆满竣工。东西长五十二米，南北长五十四米，总面积两千八百零八平方米。建筑物包括大殿、西殿、东厢房、钟楼、东西耳房、中门影壁墙、王灵官舍、东西凉亭、大门、院墙、花墙，另外还增建了办公室四间打水井一眼，主要建筑全部采用砖木、水泥结构，琉璃瓦盖顶，其设计新颖，布局合理，施工精细，古色古香。大殿内塑神像七尊，中间为炉神姑像，两边分别是四季老母、眼光佛和送生佛像。西殿内塑神像八尊，系按照清朝光绪二年重修碑记中记载的神像座次排列的。此次重建该庙总投资约二十五万元，全属自愿捐献，其中孟家村退休职工李进忠、赵振甲以及数十名村民两年来共投入义务工七千多个，做出了很大贡献。捐资者大都来自临淄、桓台、博山、淄川、张店、周村等区县以及驻本市企事业单位，也有的来自潍坊、东营、博兴、邹平、肥城、济南、青岛、益都等县市，还有的来自安徽、台北、黑龙江等地，共涉及二百五十多个村庄和单位一万四千多人，捐资额高达十六万。在去年立起的第一通碑上对参加组建者和首批百元以上捐资者进行了表彰之后，又有不少个人捐资达到或超过了百元，现在特将后期工程组建者和第二批百元以上捐资者姓名勒石纪念，与第一通碑并列，千古流芳。

后期工程组建者：赵振甲　王永湖　李进忠　王玉堂　孟庆云

设计施工：孟繁勤　于有静

撰文：李新华

书法锲刻：博山区　石门乡　青龙湾：吴月刚　魏元俊

公元一九九五年岁次乙亥仲夏　上浣

临淄大路村　宋希奎一百元，宋希连一百元，宋希昌一百元，宋美英一百元，褚德金一百五十元，褚桂美一百五十元，褚军一千六百元，路会玲二百一十元，田玉春一百元，高庆三一百元

齐鲁化肥厂　王宝贵一百元，韦良纯一百元

石化中学　焦伟一百元

二化　王吉早一百元，丛爱芹一百元

毛托　石玉凯一百元

东褚　赵培涛一百元

小杨　石志玉一百元，石怀玉一百元

金西　毕衍孔一百元，毕义忠一百元

农行桌椅二套

金东　徐亦万一百元，薛忠义二百元

王寨南□　徐言柱一百元

披甲　段曾年一百元

南屋　杜□用三百元

李家　高奎三一百元

北金　王德启一百元

东召　杨林东一百元

六百户　刘家廷一百元，刘恒兰一百元

东营　高丙文一百元

张店　善敬堂三百五十元

北焦　陈佩芳一百五十元

南焦　毕贞孔一百元

下湖　陈文全一百元

铝厂　赵兰英一百元

南定　赵洪俊四百元

大寨　向修利一百元

孟家　逯永芳一百元，逯永坤三百五十元，孟凡杰一百元，孟凡佐一百元，孟凡忠一百元，孟鸿声门匾一块，孟翠莲二百元，毕绪亮一百元，王爱英一百元，李进华一百元，李进荣松树二株，李树志一百元，赵振水一百一十元，赵振朴一百五十元，张桂河一百元，张桂玲一百元，王玉信一百元

张赵　唐秀英一百元，张秀英一百元，周文英一百元

刘家　周翠苹一百元

大王　李宪尊一千元，李宪云一百元，李洪文一百元，薛安明三百元，薛安吉一百元，张月玲一百元，刘翠英一千元，岳德佐一百元，赵志红一百五十元

杨辛张桂波一百元

小王　王本忠三百三十元，王本兴一百元，王循义一百元，王绪晴一百元，王绪恩一百元，王绪杰一百元，巩日文一百元，巩日武一百元，巩日斌一百元，巩绪山一百元，魏秀芳一百元

鱼龙　巩日凡一百元，巩林翠一百元

演马　宋爱兰一百元

河崖头　巩志阔一百元

后刘　刘秀芝一百元

孟家　孙玉英一百元

尹家　单莲香一百元

院家　刘召全一百元，赵淑奎一百元，赵淑忠一百元

田家　路跃□喜一千元

唐山东周　王燕一百元

七村　徐红娟一百元

酒厂　任德春一百元

老官庄　张其荣一千元，宋秀云一千元

乌河　曹同桂一百元，曹玉英一百元，田秀梅一百元，岳庆兰一百元，赵秀云一百元，耿桂英一百元，崔秀珍一百元

伊家　刘义吉一百元

临朐谢家营　谢凤友松树六株

不署名捐款　三千、三千、一千、五百元、三千元、三千元、一千元、一千元、一千元、三百元

张赵　赵振森二百元，赵振柱一百元

上庄　石昌森一百元，薛汤玲一百元

大路　路海一百二十元

(三)1997年新塑炉神姑神像功德碑记①

新建炉神姑庙落成之后，上级有关部门对此作了审查登记，正式发给了有关证明。在此期间，仍然不断收到了各地群众的捐款捐物，以及多方面的支持。根据大家的建议和要求，投资数万元增建了偏殿两间，另两间将于明年春天建成。院内种植了树木花草，砖铺了地面，购置石狮四尊。委托淄博市京剧团工艺戏剧用品服务部采用新工艺、新材料重新制作了神像，使之更显庄重、大方，焕然一新，不负群众的厚望。为感谢众位的支持，经研究决定将第三批百元以上捐资者姓名勒石于此，永做纪念。

炉神庙管理委员会

公元一九九七年十一月立

张店区孟家村　李道忠一百三十元、李庆太四百五十元、李树平一百元、李树芹一百元、毕方祯六百元、赵乃聪一百元、赵珣一百元、赵乃民一百五十元、赵乃礼一百元、赵秀华一百元、逯永坤二百元、逯永芬一百五十元、孟庆缥一百元、孟凡春一百元、孟凡礼二百元、孟□莲一百元、王玉堂一百元、王新一百元、王善雁一百元、孟家煤井一百元、姚锦林一百一十元、姚希敏一百元、孙守德一百元、刘士俭二百元、刘桂兰一百元、石秀芳一百元、钟秀岚一百元、常玉英二百元、张素娥一百元

大王村　薛安明二十元、薛安德二百元、李洪永一千元、李宪尊三百元、李同华四百元、胡安民三百元、苑学志一百元、岳军一百元、孙翠英一百元、傅秀英一百元、高福英一千元、高福荣二百元

大寨村　向允春三百元、向允龙一百元、向德禄三百元、向德乾三百元

彭□官剧团二百元

郭家村　郭传宝一百元、赵素娥一百元

洪沟村　李桂芳一百元

① 2011年9月24日，李生柱、宫慧珉根据原碑文整理。

南焦宋　毕祯德一百元

北焦宋　陈佩芳一百二十元

小王村　王本忠一百五十元

金岭铁矿　郭传孝一百元

张赵村　赵聿洪一百元

仲子坡　赵重杨一百元

杨辛村　李新华一百元、杨敬曾一百元

商家庄　毕禄祥一百元

辛安店　张汉臣一百元

下湖村　寇司奎一百元

桓台县董家　杨秀艾一百元

侯庄村　路艾英二百元

南务村　张洪海一百元

东索镇　高元国一百元

大路村　朱美英一千元、宋希奎一百元、褚军六百元、褚景奎二百元

老官庄　张启荣一千元、宋秀云一千元

临淄区金东　徐盛六百元

堠□村　周元俭一百元

炼油厂　曹元恒一百元

披甲村于玉训一百元

刘辛村　王荣新一百元

艾庄村刘艾英二百六十元、潘景森二百元

朱台麻王　朱云屯一百元

侯家屯　侯立钧、侯立同、赵文湘匾两联二付

淄川西河　高传宏一百五十元、孙兆琴一百五十元

台北市　赵紫峯一百元

铁冶村　战兀文　松树

中卜村　王丙银　松树

艾庄村　朱建政　松树

孟家村　孟庆绂　松树

韩家庄　孙宽林　松树　孙茂林　松树

大王村　薛安德六百元

（四）1998年捐款碑碑记[①]

乐善好施 功德无量

为使炉神姑庙更加完善，不断提高其知名度，根据广大游客的建议，对该庙宇部分设施作了必要的更新和修整。今年以来，先后增建了北殿两间，增塑了观音菩萨像，重新铺设了里院地面，改建了火池。整体建筑面貌焕然一新。在此期间，好多有识之士慷慨捐资，给予大力支持。为此决定立此丰碑，以示感谢。

首席捐款人　大王村李宪尊、大路村朱美英、大王村薛安明

协办人　大路村路秋春

主持　孟家村村委会

炉神姑庙管理委员会　孟庆云　李进忠　王永湖　王玉堂　立

一九九八年十二月

1998年立捐款碑

① 2011年9月24日，李生柱、宫慧珉根据原碑文整理。

老官庄　宋秀云一千元

西齐村　齐兴茂七百元

大路村　朱美英六百元

小王庄　王本忠五百元

金东　薛忠义三百元、薛红三百元

侯庄　路爱英三百元

北焦宋　陈佩芳三百元

南焦宋　王象更二百元

大王庄　李宪尊二百元、李洪永二百元

柳行　王土新二百元

东营　孙兴胜二百元

孟家煤井　陈会英一百五十元、司书峰一百五十元

孟家庄　李树波一百元、毕方祯一百元、毕义祯一百元、赵振义一百元、赵振清一百元、赵迺聪一百元、赵迺明一百元、赵家行一百元、赵家浩一百元、赵强一百元、王富钰一百元、朱奎三一百元、朱爱民一百元、张占营一百元、张桂祥一百元、邢肇清一百元、罗永光一百元、唐爱英一百元、赵家凯一百元

大王庄　薛安一百元、薛安庆一百元、薛安德一百元、李庆浩一百元、薛居文一百元

黄金　刘在祯一百元、乔东兴一百元、乔丙南一百元

郭家　郭界平一百元

大寨　何脩岱一百元

张店　王子剑一百元、韩其亮一百元

辛店　杨玉江一百元、颜秀荣一百元

艾庄　刘爱英一百元

刘辛　王尊会一百元

侯家屯　侯立新一百元

南金　孙延全一百元

中金　于同贵一百元

金东　王玉民一百元、闫光明一百元、王常一百元、王娟一百元

上庄　石昌柱一百元

王术曾元恒一百元

博山　孙桂英一百元

孙娄　崔峰一百元

东安次　桑秀英一百元

大路村　路秋香一百元、褚文东一百元

穆寨　穆□忠一百元

蒋家　王文同一百元、王文聖一百元、王文生一百元

侯庄　柴隆庭一百元

高刘　颜秀荣一百元

济南白马山　卞晓飞一百元

索镇　曹秀云一百元

广饶　李玉文一百元

东营　高玉文一百文、崔光志一百元、高丙文七十元、高福建七十元、高富强七十元

建□　戴秀兰六十元、李庆太五十元、苗忠玉五十元、赵振禹五十元、石秀芳五十元、段英兰五十元、远永坤五十元、王秀吉五十元

张店□玉芹五十元、

大路村　宋布奎五十元

大王庄　苑学志五十元、李宪军五十元

小王庄　王本兴五十元、王兵五十元、王循义五十元、李兰香五十元

杨庄　杨佃元五十元

大寨　何元春五十元

艾庄□京峰五十元

金东　薛居庆五十元、薛恩义五十元、石壘五十元、王衍永五十元

孙守钧　王永湖　孟庆云

炉神姑庙管理委员会

(五)2000年立炉神庙铸钟纪念碑记[①]

2000年立炉神庙铸钟纪念碑

千古神韵

二零零零年岁次庚辰仲冬立

捐款人名单

桓台　刘丹庭、朱瑞云六万一千元、苏秀英六百元

孟家村　赵振义四百元、李丰收四百元、宋良四百元、赵乃玉三百元、唐爱英二百元、孟成一百元、孟祥浩一百元、李秋收二八元、石廷新二百元、刘士亮一百八十元、李连明一百六十元、李贞一百五十元、王永江一百五十元、刘司海一百五十元、孟凡池一百五十元、孟军一百五十元、邢兆清一百元、邢滨一百元、邢鹏一百元、孟凡刚一百元、李树荣一百元、孟凡强一百元、孟凡佑一百元、赵振田一百元、赵乃鹏一百五十元、赵乃友二百元、赵家德一百元、王新昌一百元、逯永兰一百元、李淑荣一百元、张潍宝一百元、张潍春一百元、赵振清一百元、徐弟子一百

① 2011年9月24日，李生柱、宫慧珉根据原碑文整理。

元、刘桂兰一百元、王义祥以便元、毕康一百元、李树平一百元、逯永佳一百元、杨雨泽一百元、王志祥一百元、寇杰一百元、朱爱民一百元、逯永芬一百元、孟凡树七十元、毕同祥六十元、孟凡忠六十元、孟庆溪五十元、孟凡春五十元、孟桂兰五十元、赵振永五十元、逯玉波五十元、赵家敏五十元、赵家乐五十元、朱爱国五十元、逯永德五十元、逯玉强五十元、逯玉峰五十元、李桂花五十元、逯允刚五十元、孙伟五十元、唐秀英五十元、唐桂双五十元、朱海三五十元、王新五十元、孙守韵五十元、孙守德五十元、孙凤祥五十元、毕刚祥五十元、赵乃礼五十元、赵振峰五十元、李玲五十元、孟凡新五十元、李志燕五十元、苗忠云五十元、李玉英五十元、孟家煤矿五千元、李东升化工厂二千元

桓台东镇　高奎峰一百元、高奎轩一百元、高云国五十元

桓台后刘　孙玉传五十元、刘秀芝六百三十元、刘炳条一百五十元、刘炳一五十元、刘炳轩五十元、刘炳严五十元、齐志河五十元

渔龙　宋翠英五十元、巩月诺五十元

（六）2004年重建炉神姑庙第六碑记①

2004年重建炉神姑庙第六碑

① 2011年9月24日，李生柱、宫慧珉根据原碑文整理。

万古流芳

孟家村负责人　毕方贞、李丰收

炉神姑庙管理委员会主持　孟庆云

成员　段美兰、王玉堂

公元二零零四年[①]　岁次　甲申年　中浣　元旦

捐款碑

炉神姑庙自重建以来，承蒙社会各界及众香客的大力支持和无私援助，在上级有关部门和村两委的正确领导下，以及庙管会的积极努力，使之逐步走向完善。

为答谢各位的无私援助，经研究决定：现将五十元以上资助者和有特别贡献者，勒碑纪念，并深表谢意。

大路村　宋希奎一百元、朱美英一百元、路秋香一百元

大杨村　杨廷杰一百元、杨帆一百元、杨辛一百元、杨俊芳一百元、王建以便元、刘文英一百元

东安次　桑秀英二百六十元

老官庄　宋秀云六百元

北焦宋　魏莉三百二十元、陈佩芳二百元、沈月忠一百二十元、张连尚一百元、孙大刚一百元

后刘村　刘秀芝二百五十元

孟家村　赵乃聪一百元、赵乃荣一百元、赵家凯一百元、赵家磊一百元、赵家岩一百元、赵强一百六十元、赵涛一百元、王永国一百元、王超一百元、王皓一百元、孟庆缥一百元、孟庆梓一百元、孟庆源一百元、孟庆杜一百元、孟凡仪一百元、孟凡佑一百元、孟帅一百元、孟军一百元、孟泉一百元、孟祥伟一百元、孟祥泽一百元、孟祥良一百元、孟祥进一百元、苗伟一百元、逯萌一百元、李树河一百元、李鹏飞一百元、李宪富一百元、李伟一百五十元、杨涛一百元、张桂河一百元、张桂祥一百

① 原碑文为“二千零四年”。

元、张硕一百元、朱爱新一百元、孙守法一百元

大王村　李庆浩六千元、李雪峰六百元、李丙峰一百元、薛安明六百元、薛涛一百元、薛良一百元

辛庄　贾光杰一百元、刘民章一百元、房志学一百元、孝子一百元、朱光福一百元、高丙银一百元、张年明一百元

圣亚集庄　张洪山九百元、李子九百元

小张村　郑国亮二百元

张赵村　赵伟业二百元、赵乃利一百元、唐秀英一百元

金东　王玉民一百元、张方全一百元、毕义国一百元、薛居庆一百元、薛忠义一百元、薛翠玲一百元、薛红一百元、薛梅一百元、薛华一百元、尹登君一百元

金西　张应信一百元、刘衍贵一百元

张家村　田凤贵一百元

刘辛村王尊会二百元、李兴华一百元

南官庄　官堋平一百元

文庄　陈海滨二百元、张云杰一百元、王元经一百元、王洋一百元

侯家庄侯安超一百元

侯庄　王际孚一百元、路爱英二百元

王村　李胜俊一百元

中埠村　于秀英一百元

南杨村　曾家贵一百元

下湖村　赵乃云一百元、陈希一百元

赵河村张衍庆一百元

于家村　于涛一百元

山铝　唐秀亭一百元

城东村　周慧芹一百元

王庄煤矿　刘长梁一百元

□召口　边衍忠一百元

披甲庵　于廷修一百元

付家村　付玉莲三百元

新安店　于根亮一百元、于深亭一百元

南焦宋　李秀凤一百元

潘庄　王干一百元

大张村　李鸿杰一百元、李鸿波一百元

东营　高福建一百元、高福强一百元

杨辛村　杨佃三、杨成河　盈块

韩家庄　孙广林　花卉

孟家村　孟凡池五十元、孟凡刚五十元、孟凡强五十元、孟凡坤五十元、孟凡明五十元、逯玉霞五十元、毕坤芹五十元

西庄　颜秀荣五十元

侯庄　高廷秀五十元

张家庄　路秀芬五十元

临淄税务局　苗□友五十元

□杏村　孙东香六十元

张店　李向喜五十元

金东　蒋安明五十元

尹家村　刘聿吉五十元、单连香五十元

辛店　李虎周五十元

张赵村　张秀芳五十元、张赵香五十元、刘兰英五十元、刘忠秀五十元、赵客英五十元、赵红玉五十元、赵宗云五十元、赵秀华五十元、赵云凤五十元、郭爱华五十元、王秀云五十元、刘继刚五十元、乔乃贞五十元、乔乃英五十元

刘家村　周木荣五十元

刘辛村　刘家兴五十元

周家屯　周洪生五十元

后剑村　尹秀珍五十元

周至□村　刘辉五十元

华沟　巩春英五十元

艾庄　刘爱英五十元

孟家村　孟客六十元、孟凡勤五十元、孙丙训一百元

(七)2009年立功德碑记[①]

功德碑

进入二零零九年以来,各地热心的朋友纷纷来我处捐款捐物,对炉神庙的各项工作给予了大力支持,并提出了不少合理化建议,对我们今后的管理和发展前景寄托了更大的希望。应大家的建议和要求,从三月份起,我们组织人力物力对东大殿进行了改建。并增塑了西王母像,对三座大殿新铺了彩石地板,墙壁重新刮瓷,将火池迁至外院,修缮了王灵官舍。同时硬化了里院场地,新建办公室四间。目前已达到里外整洁,焕然一新。为感谢大家的支持,特立功德碑两座,铭记各位的芳名。

炉神庙管理委员会　段美兰、唐艾英、逯永芬、毕俊英、王爱英、王秀芳

孟家村村委　毕方帧　李秋收

公元二零零九年　岁次己丑　仲秋

捐款人名单

后徐　田金美三百六十元

徐家　张英峰三百元

吉托　李瑞亭二百二十元、李克昌五十元、李万跃五十元、李万良五十元

荆家　荆长宏一百元、张翠兰五十元、巩梅贤五十元、李向旁五十元

华沟　巩春英五十元、曲庆海五十元

河崖头　田桂英三百元

宋家　宋成刚五十元

辛庄　高震美五十元

西莫王　毕玉芬五十元

周董杨秀爱五十元、周爱玲五十元

① 2011年9月24日,李生柱、宫慧珉根据原碑文整理。

石桥辛曹村　刘峰一百元

中埠大王　李庆浩三千元、薛安明四百元、李庆村二百元、李文勇二百元、赵志红一百二十元、李宪芳一百元、李增先五十元

北焦宋　陈佩芳六百元、魏莉二百元、魏吉邦一百五十元、魏元波三百元、沈月忠一百五十元、魏传水一百元、毕立凯一百元、魏元禄五十元、周庆兰五十元

中埠　郭玉和五十元

刘辛　苑发泉五十元、刘传德一百元、邢继玲一百元

张店　李平二千四百元、张宏山六百元、迟山一百元、杨玉峰五十元

金岭　董忠华一百元、李忠新五十元、薛居顺五十元、薛波五十元

辛店　崔国平二百元、宋立谭一百八十元、牛凌凤一百元、吴敬齐一百元、刘青奎一百元、王永生一百元、陈正树一百元、陈海斌一百元、李霞一百元、苏航一百元、桑学春一百元、王兰英一百元、杜兆同一百元、邢红一百元、路建辉一百元、路玉峰一百元、王立刚五十元、段小兵五十元、毕庆林五十元、郑国亮五十元

褚家庄　陈秀娟五百元、褚英华一百元、刘长胜一百元、赵桂平一百元、王霞一百元、郑廷庆五十元

王家庄　孙玉传五十元

崔军　姜仁义五十元

淄川　张生荣一百元、孙科一百元

捐款人名单

曹辛庄　田陈玲一百五十元

义河　张延庆一百五十元、张延贵五十元、张延光五十元、张英波五十元

博山中石马　谢庆漢二百元

下湖　陈文泉一百元

段家　段平年五十元

稷下　王清义一百元

东安次　桑秀英五百元

钢管厂　郭作元五十元

大路　朱秀英一千三百元、路秋香三百元、褚文营一百元、褚文建一百元、褚文东一百元、毕俊一五十元、路志庆五十元、路军五十元、路荣光五十元、路同庆五十元、褚军五十元

小王庄　李桂连一百元、王本忠一百元

艾庄　张翠云二百元、潘峰一百五十元、王培德一百元、刘爱英一百元、邢燕一百元、陈林福五十元、唐希滨五十元

于家　于有宽一百元、于海泉五十元

梧台　林士军一百元、孙荣福一百元

郭家　葛继忠一百元

陈家庄　路民孝三百元、路铁圣六十元

侯家屯侯乐新五十元、侯衍亮五十元

周村　周文华一百元

□芫　李永茂一百元

河北石家庄　石敏二百元

南焦家　商孝营五十元

济南　杨思芹四百元

杨辛　杨元勇一百五十元、杨公元一百元、李新华一百元、陈建华五十元

铁冶　战桂清五十元

披甲　李太河五十元

沣水　胡义宗一百六十元、马翠芝五十元、翟超五十元

山铝　赵兰英二百元

小社　社玉泉五十元、社少芳五十元

小家　杨玉厚二百元

□□　王维洛一百元、戴明芹一百元

上湖　张连群一百五十元

东营　李学宝二百元

潍坊　石兰美一百元

调查人员宫慧珉、赵容在整理炉神姑庙内碑刻

三、其他碑刻

清道光旧淄川县东十里庄（今属洪山镇）曾立炉神姑庙碑刻，碑文由邑人孙济奎撰写。碑文如下：

十里庄炉神姑庙碑记

自古感人心而维风化者，莫大于孝，而尤莫奇于女子之孝。如缇萦上书，木兰从军，曹娥投江，庞娥执仇，皆舍身而为其亲，即皆以女子而标奇行。及观于益都孟家海孝女之事，而益慨然叹其为尤奇也。考《青州府志》：孝女，南燕时人，姓丁，父为冶工，时有铁牛为祟，民获而闻于官，官召众工化之，牛不化即杀冶工，以次及丁。女恐父被刑，跃入炉中，牛乃化。后敕封为炉神，以旌其孝。乡人立祠祀之，祷雨辄应，有年所矣。丁未，夏旱为灾，十里庄诸村举议往祷，即沛甘霖。于是募化四方，各捐资助力，为修行宫三间，左为广武君祠，右设官厅一所，大门外砌石为池，桥跨其上。工既竣，谋刊石以记之，示不忘也。夫一孝女子耳，何为兴云降雨，其灵如是，盖以至诚所感，无往不通。忠臣结愤，曾飞六月之霜，孝女衔冤，亦降灾天之雪。人有一念，精诚俱能。感被苍而召灵异，况神之！舍生救父，视死如归，上帝鉴其诚，嘉其孝，而雷公电母、风伯雨师，自无难供其驱使，以泽润生民，此真孝德所致。为理之常，有可信者。初非若阿香推车，玉女披衣，种种怪诞，以显奇于世也，且朝廷以孝治天下，凡有孝行者，均蒙矜恤，以列祀典礼，至重也。是功告成，吾知妇人孺子入庙瞻仰，焚香顶礼，莫不油然而动其孝思，其有裨于人心风俗者甚大，岂第为一方祈福泽已哉！是为记。①

① 《三续淄川县志》凡例，1920年石印本。

第七章 炉神姑庙会

依托炉神姑庙宇，孟家村现在一年有四次大型的庙会：农历正月十五、清明节、农历六月十九和农历十一月十七。每次庙会会期三天，即正月十四、十五、十六；一百五、寒食、清明节；农历六月十七、十八、十九；农历十一月十五、十六、十七。每逢庙会，四方善男信女皆来祭拜，人头攒动，热闹非凡。期间庙上举行的活动有：唱佛曲、送法船、送伞、演庙戏等。信众在神前诉说自己的愿望，祈求神灵保佑，看病的、求子的、求学的、求财的、给小孩看替子的，如此等等，好不热闹。2012 年，张店区炉神姑庙会被列入“好客山东”贺年会民俗节会名录。炉神姑庙会已经成了当地社区的一次节日盛会。商山一带民间信仰的兴盛由炉神姑信仰与庙会足见一斑。

一、庙会的组织与管理者

炉神姑庙的神职人员都是本村或外村来的中老年妇女，她们也是炉神姑庙会的组织者与管理者。主要负责人有段美兰、毕俊英、王爱英、刘贵琴、逯永芬等①，年龄多为六七十岁。其中，段美兰是总负责人，也是淄博市非物

① 在访谈中，这些人并不认为自己是庙宇的管理者，只说是炉神姑拣选了她们，负责看管庙完全是因为她们对炉神姑的诚心。

质文化遗产炉神姑传说的指定传承人。段美兰 20 多岁从外村嫁到孟家村，很早便跟着本家的姐姐孟庆云(炉神姑庙原负责人之一)"伺候"炉神姑，打理庙宇的日常之事，姐姐去世之后，她成为炉神姑庙的总负责人。段美兰对炉神姑十分虔诚，对庙里的事也兢兢业业、恪尽职守，村里人对她尤为尊重。应该说，正是这群虔诚的组织管理者的悉心工作，才让庙宇与庙会得以正常有序地运转。

炉神姑庙管委会获得张店区先进活动小组

这几位看庙的老人家几乎每天都相聚在庙里的办公室，做一下庙宇的清洁卫生，接待前来祭拜的香客，闲暇的时候便凑在一起聊聊天、打打牌。她们内部有专门的分工，平日里各司其职，如记账的会计，专门负责记录香客的捐款以及庙宇日常的支出。老人们对善款的管理尤为仔细，收到善款后不仅要记清楚每个面额的张数，还需多人数好几遍，生怕出现差错。庙宇日常的开支包括水电费、取暖费、香纸钱，等等，除此之外，管理者从不乱花一分钱。

二、香　头

附近的村子里有一位女性香头，姓路，已将近 80 岁高龄，在当地尤其是在炉神姑庙里的威望很高。当地人称从事信仰活动的神职人员为"香头"，

一个人成为香头，叫"按上桌子了"，意思是摆上供伺候神了，即成为沟通人与神的灵媒。按照当地人的逻辑，炉神姑作为一个神能够附体在灵媒身上，灵媒通过看香活动来获取她的神意。这位路姓香头在起初建庙的时候便来庙上，庙上的人视其为"炉神姑的化身"，炉神姑的话会通过她的嘴说出来。庙上有什么事，段美兰等人会主动联系这位香头，进行咨询或寻求帮助。除此之外，这位香头给人"看病"的能力也得到周边信众的认可，每逢庙会，她都在炉神姑大殿给人问事、"看病"，每看一次都会得到5～10元不等的报酬。

三、香　客

庙会的前一天下午，炉神姑庙的总负责人段美兰在炉神姑庙的中门、大门以及外围的王灵官舍上面分别摆了两面粉色旗子以欢迎来客，在庙的正殿门口也挂了两面锦旗，左边的旗子写着"街坊邻居平安"，是桓台一位香头送过来的；右面的旗子写的是"感恩炉神姑治病救人、妙手回春"，落款人刘贵琴，她是本村庙会管理人之一，据说是替本村一位得癔症后被炉神姑治好的人送来的。

庙会前两天人较少，算是炉姑生日的一个前奏。来求拜的多是老人，而女性占绝大多数，为数较少的男性大部分是陪老伴或亲人过来的。庙会前两天赶庙会的人大多是因为第三天正日子时有事不能来而提前来的。

第一天不断有零零散散的群众自发进香，大都是本村的或者邻村的，以及临近临淄区的。上午9点多来了两位老人，她们是临近的艾庄和北家宋村的，带着两大包纸叠的金元宝以及各种贡品。艾庄的名叫魏兰英，79岁，她奉上了4件毛衣，分别献给了三莲姑、炉神姑、泰山奶奶和观世音菩萨，而且特别信奉能够看病的三莲姑。这位老人说，她将炉神姑请到了家里，供奉在自己的香桌上，逢年过节、初一十五的时候都要祭拜。神是一炷香，只要你虔诚向佛，她就会保佑你的家人平平安安。

香客们磕头的时候，先在外面给王灵官烧香磕头，将金元宝在火池里面烧掉，然后将贡品摆到香炉旁边的桌子上，最后去大殿里给炉神姑磕头。这位姓魏的老人一边磕头，一边嘴里念念有词，大致是让炉神姑保佑她们一家平平安安，接着挨个儿拜了旁边的四季老母以及眼光奶奶、送生娘娘，然后又去了东大殿拜三莲姑和观音菩萨。

庙会现场

第二天，庙里才开始有了庙会的感觉，庙里的管理人员也在大殿外面放了写着“佛”字的收音机，里面唱着佛曲。这天人数比第一天略多一点，但是仍然比较冷清。

第三天是炉神姑的生日，也是庙会的正日子，这一天来的人最多，有成百上千人，远超前两天之和。早上 8 点多，正大殿的前面的香炉上有 6 根长红香、3 根短黄香，香炉旁边的 3 张桌子上已摆满了鸡、鸭、鱼、肉、蛋、饼干、苹果、橙子、香蕉、包子、馒头等各种祭品，还有饮料、酒等饮品。据香客们说，贡品多少随心意，橙子代表诚心诚意，苹果代表平平安安。但这里也有一些讲究，如不能使用带牛的食物，甚至不能用钙奶饼干，因为牛是家里的“老家牵”，跟家里的老祖宗一样。另外，狗是看家护宅子的忠臣，也不能用狗肉，甚至羊肉也不行。而且，像是蒜、韭菜、葱这些带有“邪味”的东西，都不能用来上供，炉神姑也不会喜欢。有一位邻村 40 多岁的妇女，带来一个“宝利来”的大生日蛋糕，说是为给炉神姑“过生日”，几天前特意定做的。这位妇女自称每次庙会都过来，家里人都信炉神姑。

综合庙会的情况，我们发现这些香客的诉求有以下几种：

看替子 小孩生下来体质不好，家长便到庙上找炉神姑看替子，祈求炉神姑给孩子找个替身。他们一般是在二院墙烧纸，跪下磕头，在墙的旁边用五六块砖头垒成一个矩形，中间空处摆满各种香纸、金元宝。民众们普遍认为炉神姑能保佑子女平安健康。

庙会中的炉神姑像

看病 笔者随机采访的香客中有一个是从15公里之外的沣水赶过来的妇人。这位老人说，炉神姑给她看好了病。家里大妹妹患颈椎病、二妹妹腰疼、二妹夫出车祸撞得身上烂乎乎，她也过来给他们求，都有很好的效果。具体的做法就是跪在炉神姑跟前，给她磕几个头，把这些事情跟炉神姑说说，求她老人家保佑，如“求求您老人家快让某某好起来吧，我在这里给您磕头了”。如果祈祷者病愈则一定要还愿，还愿用的贡品多为水果、鱼肉等，然后再在功德箱里塞上点钱，表示自己的心意。钱无多无少，只要能表达个人心意就可。

求子 求子习俗在民俗生活中较为常见，是一种颇具代表性的仪式性活动。“不孝有三，无后为大”，一般情况下，妇女在婚姻生活中若无子嗣是一件有失颜面的一件事。作为一名女性，炉神姑虽然不曾有过生育的经验，但随着炉神姑神性的不断扩大，这位一直保持处子之身的神灵，被当地人赋予了送子娘娘的神职功能。孟家村有一对夫妇，结婚五年一直未有生育，因此去年来庙上求拜炉神姑与送子娘娘，将自己的心愿诉于炉神姑，告诉她自己想要个男孩子。后来，这位妇女果真生了一个小男孩，家人欣喜的同时，没有忘记来庙里还愿，又适逢庙会，便来庙里祭拜，并捐钱160元。

求财求福 前面所说，附近厂矿企业来庙里捐钱的不在少数，而且有不留名的万元捐款。为求得企业发展与规模扩大，不少人捐资数千甚至过万，如桓台有一家私人企业的老总与妻子于2009年便捐资6万元。这些新兴乡

村的精英，长期搏击于残酷的市场，较普通民众更能够深切地感受到风险和危机，他们在一定程度上寻求神佑和精神慰藉的愿望更加强烈。此外，还有一些人单纯是为了求福求佑。

求学 张店市区有一对母女来庙上求福，她们开着私家车，看上去家境优越。据庙上的人说，她们家是做生意的，因为家里老人信仰炉神姑，便一直保留了这个传统。女儿在天津读书，明年准备高考了，于是便来庙中烧香、磕头，还带着一些零食，如旺旺雪饼、旺仔小馒头之类的东西，并给庙上捐款 300 元。

在庙会中我们发现，人们在祈求神灵保佑的时候，大多是直截了当地说出自己的诉求，希望神灵给予帮助。这些许愿也从另一个方面体现出炉神姑其实是一位有着多种功能的地方保护神。炉神姑由原来的冶铁行业神演变成现在的全能社区神，实际上也是现代社会发展带来的必然结果。

四、文艺表演

毋庸置疑，庙会过程中的仪式表演可以看作一种权威建构的手段，这种建构的合法性有赖于当地对炉神姑灵验的坚定信念。因为农历十一月十七这天是炉神姑的生日，所以庙会上人流如织，其中有两个人数较多的进香团体：一个是桓台索镇的近百香客，另一个是来自博山五峰山的几十人。

唱佛曲 上午 9 点左右，有一个邻村过来的进香团体，大约有 20 个人，众人手里各拿着一把香。一男一女带头，男的敲着木鱼，女的领唱佛经，唱的是《十杯茶》。唱了 20 分钟左右，一个领头人说："是善人的就磕头了，都跪下。"众人听到号令皆跪下磕头。之后，香客们将给炉神姑做的两件衣服和两双鞋子拿了出来。衣服是一块长方形的粉红色的布，长约 2 米，宽约 1 米。领头人又开始唱佛曲《绣仙衣》。有五六个人一起拿着这件衣服，一边展示一边唱。我们注意到，唱佛曲的带头人唱完之后，庙上的管理者给了她 50 块钱，她欣然接受了。

炉神庙是炉神姑信仰的重要场域，因此炉神姑庙宇内吟唱的佛曲在与庙宇的"互动"中构建了一个意义的场域：佛曲已不仅是佛曲本身，其吟唱过程还是一个人与诸多神灵"交流"的过程。我们注意到，在唱佛曲的过程中，民众处于一种亢奋的状态，没有人在意曲子的曲调，也不在意是否跑调。正如张士闪教授所说，在这样一个神圣的场所，“这些仪式歌借助歌词与旋律，造就出一种独特的时间，这种时间将指向永恒的宗教情绪与人们对于日常生活的记忆片段扭结在一起；在宗教信仰心态颇为随意、信仰仪式不甚规范的中国民间，乡民们借助在他们自身建构的‘神圣空间’里的表演，来舒展心灵，调节生活，浸润于全身心的审美体验之中”①。

文艺演出用的大鼓

与此同时，炉神姑庙对面的活动广场开始敲鼓打锣，热闹起来。周围有十几个从各个地方赶过来的妇女围绕着大鼓跳起自编的舞蹈。这个时候庙会掀起来一个小高潮，围观的人也愈发多了起来。这些人表演了约 1 个小时，后来自动加入到划船仪式的表演当中。

送船、送伞　这天上午 10 点左右，桓台索镇近百名香客来为炉神姑庆生，并从博山运来一艘由众人捐钱为炉神姑打造的船。该船 2 米多长，上方有一顶轿子，意寓让炉神姑坐在轿子里面，由众人抬着，以显示对炉神姑的

① 张士闪：《乡民艺术的文化解读》，山东人民出版社 2006 年版，第 123 页。

尊敬。以前从未有信众为炉神姑造过船，据说让炉神姑坐上轿子能够保佑一方百姓平安渡过各种灾害。凡是捐钱的人都在船上写上名字，遇灾时能够上船避难。另外还有万民伞、黄罗伞、旗子、包袱、红枕头、金元宝等供品，并用大红纸写着众捐钱香客的名单，如“山东省淄博市桓台县索镇善男信女特制黄罗伞一把献给大姑”“山东省桓台县索镇善男信女特制宝贝包袱献给李老爷——公元二零一一年夏历十一月十七”，等等。

整支送船队伍敲锣打鼓，浩浩荡荡地向庙里走来。除抬船的一名男性以及举黄罗伞的两名男性外，其余全部为女性，都系着色泽鲜艳的绸带。队伍的行进次序为：

(1)2 人举香请神，其中 1 人为本村庙宇管理者，另 1 人为外面的香头。

(2)6 人拿着红枕头。

(3)7 人抱着宝箱盒子。

(4)11 人举着红色旗子。

(5)4 人举着黄罗伞，其中有 2 名男性，1 名腰中系着红绸带。

(6)2 人手持划船的船桨。

(7)4 人抬着轿子，其中 1 名为男，腰系粉色绸带。

(8)5 人腰系绿绸带和红绸带，手持元宝。

进　伞

行进中，由2名请神的香头在前方指引，起初在庙宇外围的场地中环绕行进。庞大的行进队伍，引来了数十人围观。众人环绕庙宇外围转数圈之后，将金元宝串联在船上，由请神香头指引，进入庙宇内部开始了正式仪式的表演。

送 船

前方有2人模仿划动船桨的动作，几位抬船的人跟着行进，这些人身系红绿绸带，唱着《十个大姐放风筝》这首欢快的歌曲，外面的戏班子也随着伴奏。在欢快的曲子中，音乐符号独具的“诗学”特征和音乐表演独特的“动人的展示”能够满足乡民神圣的愉悦感，音乐便成了满足民众这种感受和体验的理想符号形式。演唱的过程也就成为民众向炉神姑贡献“诗意”符号，而自己也在体验着这种“诗意”符号带给仪式的神圣感和美好感。队伍行进的速度很慢，香头也在各个大殿的门口迎接。而颇具趣味性的是，虽然划船的2位女性非常卖力，船在众人的簇拥下却行进缓缓，而且每每一到炉神姑神像的正殿门前的台阶，便仿佛迈不动步子，硬生生地退回去。这样一来二去，看似划船者费力，抬船者却仿佛有些“不给力”，退回去几步，将船上下左右晃动，又往前簇拥过来。这样表演了一阵后，香头又特意给她们排演了一阵，教她们怎样表演得更到位，而围观的人也越来越多。队伍从大殿门口直

退后到最远的边角，又在众人的拥簇下跑到殿门口，民众抬起为炉神姑打造的船，向神庙方向猛跑，速停，并作叩头状；然后退回，再拜、再跑。如此三次，然后离开。他们认为这体现了一种礼节。如此数次，船在众人的抬、跑、后退、继续前进下，行进了约半小时。表演者的表演紧凑且生动，生怕怠慢了神灵，他们认为这体现了对神灵的恭敬，体现了一种礼节。最终在香头的施礼示意下，船被放在了香炉旁边，周围拿各种伞以及旗子的表演队也在给他们助兴。在这样戏剧性的表现中，我们看到了一场别开生面的民间艺术表演。

在送船仪式表演结束后，船被放在了香炉旁边，这时手举黄罗伞以及旗子的表演者便开始了热闹的表演。伴随着锣鼓队的助兴，请神人员不停地面对着表演者朝前后举香敬拜。队伍行进速度很慢，然而步伐却协调统一，特别是领头的举黄罗伞的大爷，迈着轻盈的步伐，扭动着欢快的秧歌，其他人也毫不示弱，纷纷展示自己的优美舞姿。在这里，民众完全将往日的拘束抛开，尽情释放自己的激情与活力。在各个大殿的门口，请神人员在一番礼数敬拜后，将黄罗伞以及旗子迎接到了各个大殿里面。随后身系红、绿以及黄色绸带的人们继续扭秧歌，兴致勃勃。下午2点左右，庙上的管理人员将船烧掉，随着焚烧的烟火飘向天空，她们惊讶地发现烟火弥漫的天空中仿佛飘荡着一缕彩虹样的光泽，于是纷纷喜形于色，认为炉神姑已经接受了这艘船，并坐在了轿子上，从此保佑这方百姓无灾无难。

庙戏　约上午10点，在炉神姑庙外围的空地上，也开始有表演队唱戏。他们自发搭起了戏台，五六个人在拉二胡，皮下村的大爷自带乐器阮；另外还有群众自发地演唱，演唱的戏曲有《李二嫂改嫁》，《小姑贤》里面的选段《李氏女做偏房泪如雨洒》《休出门的闺女难回娘家》等。这些表演的人都是来自本村或者附近的文艺爱好者。很多香客祭拜完之后，也自发地过来唱戏。当表演划船的群众唱《十个大姐放风筝》的时候，这些表演队也在给他们伴奏。庙戏的演出并不严格，大都是即兴的表演，实际上就是以娱神的名义行娱人之实。民众祭拜完神灵之后，坐在戏台旁边的凳子上听得津津有味。

从现场演出来看，艺术表演在整个炉神姑庙会中所占的位置尤其重要，它虽然服务于信仰，但在此刻却成为仪式的主角。这一切如果不是发生在炉神姑庙会的场域范围之内，我们极有可能将其认定为一场极富艺术特色的民间表演。震耳的锣鼓声铿锵有力，欢快的秧歌步张弛有度，声情并茂的演唱振奋人心，这一切都使得这种信仰仪式变成民众狂欢的节日，民众尽情在此表演，毫无拘束，释放整个身心。显而易见，如果没有炉神姑庙宇作为依托，送船、送伞仪式的表演仅仅只是一场普通的歌舞表演活动，而且略带滑稽的成分；而如果没有这样一场别开生面的表演，炉神姑庙会也就失去了生机，失去了存在与传承的动力。信仰仪式正是借助于这样大众欢腾的艺术表演活动，吸引了众人的眼球，也使得这一神圣的庙宇在民众艺术性的表演中更加具有村落信仰的权威。

在迎接船、划船表演等活动中，几个香头以及庙中的主事者点燃香火，在前方指引着众人，并给炉神姑施礼，他们认为这样就与神产生了关系，就可以与神沟通了。炉神姑庙会中送船、送伞的仪式性行为，代表了民间信仰较为普遍的发展态势。这样的仪式性表演，不仅仅融注了人们的宗教情感，同时也包含了大量的审美情感。在仪式中，人与神的交流过程往往被赋予一种流畅的、充满美感的艺术节奏，此时庙会便成为一个艺术的中心场域。在仪式圆满结束时，个人的满足感随着烟火的燃烧而达到了顶峰，从俗世的世界中流出，进入另外一个神圣的世界。

庙会活动的主要场所——炉神姑庙前的文化广场

不过，需要指出的是，在现代社会中，随着人际关系的疏离，人们认识和改造自然能力的提升，炉神姑庙会活动的娱乐性也随之逐渐增强。这在今后是一种发展趋势。

第八章

炉神姑的传说故事

山东省淄博市商山一带广泛流传着孝女炉神姑的传说故事，千百年来，经久不衰，祠庙遍野，并定时起庙会，至今仍热闹非凡。炉神姑传说的形成源于鲁中地区冶铁业的兴盛，其具体产生的年代至今尚无定论。据元代的史料记载，到了明代和清初，“孝女投炉”的传说已经在当地广泛流传，炉神姑的形象日渐突出，成为各地炉神庙中所供奉的主要神灵。

一、炉神姑传说的历史演变

在商山一带，流传着许多关于炉神姑的传说，前文讲过，这类传说可大致分为“冶牛说”和“铸剑说”两类，其中前者流传的范围比较广，波及临淄、淄川、博山、青州等地。比如清康熙年间的碑记中就有关于“冶牛说”的传说版本：

齐有铁牛食禾害民，侯执付冶人，神父姓丁，以煅牛不熔，将罹族诛。神舍身投炉，而牛乃液。[①]

野老有云，昔时山中有物，夜出食人田禾数十顷，绕山而居者不胜其苦。官令寻踪，于此得铁牛一只。为之聚工销铄，坚不可化。时有炉

① 毕曰零：《重修铁山炉神庙碑记》，康熙三十七年碑文。

役丁姓者，将被刑戮，其女奋不顾身跃入炉中，而铁牛以消。一方之人咸奇之，遂鸠工修祠，奉为炉神云。[①]

其实，早在宋代便已出现了此类传说的母题。宋《太平御览》卷四一五中转引了《纪闻》对三国时吴国"李娥投炉"故事的记载：

娥父吴大帝时为铁官冶以铸军器，一夕炼金，竭炉而金不出，时吴方草创，法令至严，诸耗折官物十万，即坐斩，倍又没入其家，而娥父所损折数过十万，娥年十五，痛伤之，因火烈，遂自投于炉中，赫然属天，于是金液沸涌，溢于炉口，娥所摄双履浮出于炉，身则化矣。

这则记载中的故事与齐地炉神姑传说非常相近，两者之间的关系又是如何？对此，《益都县图志》的一段记载给出了回答，认为齐地传说是从吴地移植而来：

得非《纪闻》所载，吴大帝时，宣城长煅方烈，而金耗，罹罪当诛。其女名娥，甫十五，奋身投炉，于是赫焰腾烛，金液沸涌，流二十里而注之江，所蹑双履完浮液上，吴人神之，相传冶者必享娥以祈利佑者欤？盖铁山之碏而磁，冶人曾煅于此，其庙娥亦如吴人事耳。[②]

这类故事流传到现在，在商山一带有了相对固定的版本：

相传很早以前，在黑铁山北麓一里多的地方，有一怪物，每到夜晚便出来四处骚扰，蚕食庄稼，群众深受其苦。有人秘密寻踪，方知是一头铁牛作祟，却奈何不得。于是百姓便联名上报官府要求除害。时值齐桓公在位，闻众诉后，立即传旨，广招冶工，将铁牛熔化，限期四十九天，逾期不化者，则问罪斩首。所招之冶工被安置在冶里村（今中埠镇），日出而作，日落而息，工匠们艰辛劳苦，无不心焦如焚。限期过去了，铁牛没有熔化，工匠们全被斩首。第二期眼看又到四十九天了，铁牛仍没熔化。这天早晨，一匠工的女儿李娥（又传丁氏），来工地为父送饭，见父愁眉不展，便问何故。父曰："炼期已到，铁牛难化，今日午时，死期将至……"李娥听后潸然泪下，她走近冶炉旁，企盼铁牛能立刻化开，谁料眼泪滴落到炉里，那牛眼睛竟化了。李娥见此情景，又惊又喜，忙把一耳坠掷于炉中，一只牛耳又化了，她复将另一只耳坠扔进炉里，

① 《炉太君墓碑》，康熙四十八年碑文。
② 《益都县图志》卷十三，清光绪三十三年刻印。

另一只牛耳随之熔化。至此，她暗想：看来只有我投身炉中，铁牛方能熔化，众工匠才能得救……想到这里，李娥乘人不备，纵身跳入烈火熊熊的冶炉之中，那尊铁牛立刻化尽。众工匠及百姓无不钦佩、称奇。为了纪念李娥，遂修祠、立碑，膜拜祭祀。齐桓公为感其灵，敕封李娥为"炉神姑"。①

二、炉神姑传说的在地化

在孟家村广为流传的炉神姑传说是她生平的传说，这个传说的大致情节与文献上的记载相同。下面是村民中间比较普遍的说法：

炉神姑传说是春秋战国时期的事。咱这里有座铁矿，有个铁冶村，那个时候说铁山上有只铁牛，每晚上出来吃好几百亩青苗，皇帝下令召集铁匠炼它，炼不了就问斩。若干批铁匠都没炼了这只铁牛。最后一个铁匠是李娥的父亲，炼了好几天也没将铁牛炼化。李娥给她爸爸送饭，看她爸爸愁得吃不下饭。李娥就将耳环扔到里面，化了个牛耳朵去，扔下戒指化了牛蹄子去。（李娥）蒙了蒙头跳进去了，铁牛就化了，不仅保住了她父亲，也保住了一方平安啊。她为父亲解忧难而死，就是孝女。她给她父亲送的馉扎汤，那就是好饭了。她往里跳的时候，把那个送饭的一个瓦罐蹬倒了，馉扎汤淌了。俺这个地方下去（有）那些一块、一块块的白色石头，就是像馉扎一样，那不是一般的石头，是比较硬的那种东西，叫"干股石"，别的地方没有。②

我们注意到，炉神姑在这里发生了变化。首先，炉神姑的名字产生了变化，村民一致认为炉神姑的名字就叫作"李娥"，与《太平御览》中印证，而且他们从未听过"丁娥"的叙事文本。当然，炉神姑的名字只是一个象征性符号，然而在不同区域流传的差异性，却增添了地方色彩。

其次，在地理位置上，铁牛是在铁山，黑铁山位于中埠镇北部，原称为"商山"。据《太平寰宇记》记载："商山在淄川县北七十里，有铁矿，古今铸焉。

① 山东省淄博市《张店区志》编撰委员会：《张店区志》，第704～705页。

② 访谈对象：孟家村张桂和；访谈人：孔军、赵容；访谈时间：2011年9月24日；访谈地点：孟家村炉神姑庙。

山前有盘龙岭，后有铁牛峰，左有金山祠，右有莲洞，绝顶有炉神祠，旁有圣水泉。”[①]这就为炉神姑传说的在地化提供了条件。另外，这里出现了一个地方化的“干股石”，使得村民对此更是深信不疑。这个故事很多村民，特别是上了年纪的老人大都能够讲出来，只不过在一些细节的表述上略有不同，比如“耳坠”可能说成“戒指”等。虽略有差异，但“铁牛害民”“铁牛不能熔化”“孝女投炉救父”“孝女救了一方百姓”这几个关键性的情节是一致的。民众普遍强调的是炉神姑的“孝”与“大义”，这也是炉神姑信仰得以兴盛的重要原因。

在炉神姑生平传说的基础上，也衍生出了关于炉神姑的风物传说以及亲属制度的建立（炉神姑的舅舅）。这是炉神姑在地化的重要表现。支持炉神姑故事存在的还有自然风物以及祠庙、坟墓等，如商山（铁山）上的“铁牛窝”、白色石头（也就是所谓的“干股石”）的传说、奶奶坟的来历、铁冶村的地名来历以及炉神姑庙的来历等。这些风物的传说加深了炉神姑在民众心中的可信度。

自春秋齐桓公任用管仲进行改革时起，鲁中地区即为官办冶铁业的中心，之后历朝也多在此地设立铁官，在黑铁山一带铸铜冶铁，同时大量制造铁器，大大提高了当地的农田耕作效益。但随着生产力的发展，其冶铁工艺的难题也随之凸显出来。在这样的情况下，传说黑铁山出现了体形硕大、危害四方百姓的妖怪铁牛。黑铁山是铁牛经常出没的地方，在铁山主峰东北，旧有“铁牛窝”，窝坑中有一块巨大的铁石，从高处看去，仿佛是一头瘫倒的牛，相传是炉神姑当年跳炉炼牛熔化而留下的遗迹。铁牛在民众心目中是一个极恶的象征，不仅害了一方百姓，而且造成了一个无辜小女孩的牺牲。

据《张店区志》记载，铁冶村建村年代在战国时期，历史比孟家村要悠久。炉神姑故事流传的时间也是春秋战国时期。当时铁冶因生产优质铁矿石而著名，因为这里住的是一批炼铁的人，所以称其为“冶里”，后来这里才慢慢发展起来，并改名为“铁冶村”。

而关于奶奶坟的来历，据墓碑记载炉神姑的母亲是铁冶人，因为有这么一个孝顺闺女，因此她去世以后大家就将她埋到这个地方了，因为炉神姑没

① 张光明、于孔宝、陈旭主编：《中国冶铁发源地研究文集》，齐鲁书社 2012 年版，第 283 页。

有金身，就将其与母亲葬到了一块，称为“奶奶坟”。奶奶坟在铁冶村西边，这块碑刻现在仍然存在。

孟家村炉神姑庙的来历更是神奇，以前孟家村并没有炉神姑庙，奶奶坟与炉神姑庙几乎处于一个位置。明朝有一个姓翟的官员出海，遇到大风浪，在船就要颠覆的时候，炉神姑救了他。该村村民讲道：

> 传说明朝有一个淄川的官员姓翟，翟家的主人出海做生意的时候，在东海遇上大风浪，船眼看就要颠覆了。这个时候忽然看见前面有个小岛，岛上有个小姑娘招手，一招手那船就稳了。当船行驶到小岛跟前，小姑娘就上了船。姓翟的就问小姑娘是哪里人，她说我是商山人。船到岸，姓翟的却找不到小姑娘了。他心中老是挂念着这事，想答谢她的救命之恩。有一年，他从淄川来到孟家海子，上炉神姑奶奶坟，恰逢这里有个会场，便去赶会。这时候炉神姑庙和这个奶奶坟还基本是在一个地方。他去以后，就在庙前跪下，那时候见庙就要磕头，抬头一看，那个塑身就是当时救他的那个小姑娘。他说：“哎呀，难怪我找不着你，原来您是商山孝女啊。”又说，“您这个庙宇很破败了，金身也不行了，我打算给您出资重修。您假若有灵的话就选个地址，我马上动工。”他跪下磕头的时候，一张小苇席子飘起来了，往南直到孟家村这个地方才落下。他说：“好，我们就在这个地方修。”①

我们可以看到这个传说与妈祖的传说十分相似，因为此地原来东边为海，是一片海子地，民众在讲述这个故事的时候，也往往提到“海叉子”，从中我们可以看到炉神姑庇佑众人的神性。另外，记载明确提到了她是“商山人”，也为信仰在当地的存在提供了现实根据。

黑铁山、铁冶村、奶奶坟以及孟家村的炉神姑庙这些风物在当地都是客观存在的，统一构成了炉神姑传说在当下得以流传不绝的现实依据。铁冶村处于孟家村与黑铁山的中间地段，三个村子两两相隔1.5公里左右。铁冶村的西头便是奶奶坟，坟头有一块墓碑上面赫然写着“奶奶坟”，这里也被称为“炉神姑陵园”。近年来随着规模扩大，陵园逐渐扩修成炉神姑庙。

另外，在风物传说的基础上，炉神姑传说还衍生出了亲属体系。人们通

---

① 访谈对象：孟家村王玉清；访谈人：宫慧珉、李生柱；访谈时间：2011年9月24日晚；访谈地点：孟家村王玉清家中。

过让炉神姑与其他的神灵扯上关系的方式，来增强炉神姑的神性。民众为炉神姑加了一个亲戚，那就是炉神姑的舅舅李将军。李将军又称“李左车”，是汉代的将军，也是雹神。当地百姓说，他是为炉神姑打前站的，为炉神姑保驾护航，有什么危难的事都顶在前方。这些风物传说以及亲属体系的建立，为炉神姑信仰在当地的繁衍兴盛打下了坚实的基础。

三、炉神姑的灵验故事

炉神姑的传说与孟家村村民的日常生活是息息相关的。很多炉神姑传说会说到炉神姑的灵验。无论是文献资料、碑刻资料还是民间传说，虽然内容各异，但本质基本相同，都在于通过灵验事迹的描述肯定炉神姑神性的存在，并借此强化人们对炉神姑的信仰。这些显灵的传说与民众的日常生活息息相关，民众在日常生活中对炉神姑的信仰也因此延续不断。

在有关信仰的传说中，众多的灵验故事是必不可少的因子，也是该信仰最有说服力的证据。综观炉神姑传说，其中灵验故事占了相当大的比例。它们或者以古老的传说形式出现，或者以现代传闻为人深信，人们总是自觉地通过灵验事迹强调着神灵的威力以确保信仰的虔诚和祭仪的完整。

(一)祈雨类灵验故事

炉神姑庙内的碑文中有“祷雨辄应，有年所矣”“举议往祷，即沛甘霖”“或除旱魃，或动风雷，或驱疠疫，皆于功德于民”“民志恭祝疾病，即默施保愈，解祸免灾，福佑无疆”等字样。如清光绪四年(1878年)碑文就记载了这样一段祈雨的实录：

> 神灵祷雨辄应，盖孝德上格乎天，人恶下及于众，故历代以来被泽者多置行，而王旺庄等四十余村亦因屡沐惠而立社也。岁在丁亥五月间，时置亢旱，同社择吉设坛赴祠以祀甘雨，拈香之际见殿宇及陪房钟楼山门经风雨之剥至瓦瓴之残缺，咸相谓曰：是宜修葺，及安坛三日后，云雨滂沱，禾稼勃兴。

这里就将祈雨与孝道联系起来，因为其孝德上格乎天，因此才具有了祈雨灵验的效果。碑文语言朴实，关于时间、地点、人物等的叙事要素一应俱全，基

本反映当时的信仰情况与历史心态。

《张店区志》也记载了1949年前当地民众祈雨的盛况：

> 每当寺庙祭祀之日，善男信女便携带香纸贡品到庙中顶礼膜拜、烧香许愿，名曰“祭神”。区内著名的山庙有南定的无影山、湖田的太平岭、中埠的炉神庙、四宝山的花山等。还有一种特殊的祭神形式，即遇到严重干旱时，当地“名流”“绅士”便出面募集财物，祭神求雨。新中国成立后，祭神之风已基本消失。[①]

据村民介绍，炉神姑是玉皇大帝的干女儿，每当自己家乡一带出现旱情，她都会去找玉皇大帝汇报旱情，玉皇大帝就让其家乡下起雨来。民间传言，炉神姑的姥姥家在孟家村20公里外的张赵村，张赵村的人来孟家村炉神姑庙上求雨，十分灵验。《张赵村志》上便记载了一则求雨灵验的故事：

> 据传旧时张赵地区每逢天大旱，庄稼禾苗干枯，民众忧心如焚，急盼下雨之时，便撞响村北阁大钟，集周边二十六庄之众社炉神之神坛，用四人小轿前往孟家庄搬请炉神姑神位至神坛，民众跪拜祈雨，因炉神姑的姥娘家是张赵，故求必下雨，无不应验。
>
> 民国二十三年夏秋之季，旱魃肆虐，久旱无雨，禾苗枯萎，张赵及周边二十六庄在村中心油坊大场扎设神棚，摆设神位，请来尼姑念经。炉神姑神棚两侧的楹联是：“移孝为慈五色祥云垂叆叇，有求必应几番好雨降淋漓。”横批是：“格天佑民。”因其舅曾言为炉神姑打路，同时扎李老爷神棚，其楹联是：“腾云驾雾显威灵督率雷公，捍患遇灾施法力扫除旱魃。”村民或包水饺或买上糕点鲜果，头戴柳条编的帽子，燃香焚纸，跪拜祈雨。降雨之后，村民便为炉神姑缝制新袍，买上供品，摆上香、纸，再次搬请炉神姑神像前来看戏，照例唱三天大戏，名曰“还愿谢雨”……1949年以后，此祈雨旧俗彻底废除。[②]

孟家村中一些70岁以上的老人对此还有印象，那时候每遇天旱，方圆百里的民众都在这个地方求雨，有钱人就在炉神姑庙前扎下棚，求的时候把炉神姑的凤辇放到正殿里面，炉神姑庙的庙门狭窄，请炉神姑的轿子恰好能进去。当搬上神位出门时，众人刚起轿便顺利出门，众人无不称奇。据他们

① 山东省淄博市《张店区志》编纂委员会编：《张店区志》，第615页。
② 参见《张赵村志》编委会编：《张赵村志》，山东新闻出版局2008年编印，第343页。

说，轿子围着奶奶坟正转了三圈，倒转了三圈，跑着跑着雨就哗哗地下了，而且下得很大。

祈雨灵验类故事属于炉神姑赐福型故事。除此之外，炉神姑赐福于民、庇佑民众的传说故事还有很多，比如炉神姑帮孟家村村民照看小孩的故事。据许多村民介绍，过去农活较多，村里大人上坡的时候，将小孩放到奶奶坟这边，炉神姑就会帮着照看孩子，小孩不哭也不闹，大人干完了活回来带着小孩回家。据说后来因为大人管教不好，小孩不讲卫生，甚至爬上供桌到处拉尿，炉神姑生气了，便不再给照看孩子。大人再把小孩放到那里，小孩便不停哭闹。

(二)惩罚类故事

在这类故事中，炉神姑惩罚的对象一般为对神不敬的人，一般他们对神说了不该说的话或者做了不该做的事，都会受到应有的惩罚。这类故事在村民的记忆中保留了很多。

据说，有一次天旱求雨时，众人抬着炉神姑的轿子巡游。路过一片西瓜地，瓜农靠井水灌溉，并不缺水，于是他对炉神姑不屑一顾，说了一些不敬的话。话音还没落，抬轿子的人便鬼使神差地走到他的西瓜地里去了，正好踩着他的西瓜。他一看忙跪下，求炉神姑饶恕。之后众人抬轿走了，他却发现地里的西瓜完好无损。

还有一次，一个年轻人在人们求雨的时候说了句“求雨啥灵的，光有炉神姑没有炉神姑父”，不知道怎么，他自己就不由自主地抱着树拱嘴，嘴唇都磨破了。直到他求饶，炉神姑罚够了才罢休。

还有一些人对炉神姑的不敬是无意之间造成的，这类不敬受到的惩罚就比较轻微。比如，炉神姑对进产房的妇人以及经期的女子都比较忌讳，因为炉神姑是未婚的小女孩，比较爱洁净。据《张赵村志》载：

> 祈雨之时，轿子一路进入北阁，抬到神棚前，轿子浮了辇，不料，这时轿夫却身不由己，抬着轿从北阁到南阁来回不停地跑，仪式的主持人知是有人亵渎了神灵，马上进行调查：原来张某进过产房，又提前进入了神棚，带进了污秽之气。查明原因后，主持人立即焚香熏了神棚，轿

子方落地。[①]

另外，在炉神姑信仰中，还有一种在不洁净之时不能进庙之俗。据村民讲，有位村民进了嫂子的产房，未出满月便进庙祭拜，结果接着就腿软得下不了台阶，差点走不回家。

这些显灵的传说与民众日常生活紧密相连，对民众日常生活中的信仰有深刻的影响。除了庙会的日子，平时逢年过节、初一十五，村民都会来庙上祭拜。平时的日常生活中，人们遇到需要求助的事情，也会到庙上来祭拜。有些年龄大的老人，甚至将炉神姑请到家里，并将其神位供到桌子上，摆上祭品，供奉炉神姑；有些因为身体不好或工作等原因而不能经常去庙上祭拜的村民，也会将炉神姑请到家里来，以便时时上供，祈求炉神姑保佑。他们认为，“神是一炷香”，只要你诚心就能把神请到家里去。另外，在孟家村附近中埠镇的一家饭店，以“炉神炒鸡店”命名。这也充分说明了此地炉神姑信仰的常态化、普遍化。

孟家村大街上的炉神姑传说宣传画

总之，炉神姑的信仰来源于一个孝女救父的传说，这个传说故事影响了一方百姓，孝道的弘扬为炉神姑信仰披上了一件合法的外衣，既得到了官方的认可、文人的赞扬，同时也得到了百姓的支持，这是炉神姑信仰得以延续下来的重要原因。此外，关于炉神姑的各种风物传说以及显灵传说在民众中的流传，也是炉神姑信仰得以延续下来的重要原因。

① 参见《张赵村志》编委会编：《张赵村志》，第343页。

炉神姑庙会是炉神姑信仰行为方式的表达，也是炉神姑信仰的集中体现。庙会中的传说大多还是关于孝道的传说以及祈雨灵验的传说。问到很多香客为何拜炉神姑、信炉神姑，大都说炉神姑是孝女，保护了一方百姓；民众对于祈雨灵验的记忆也加深了炉神姑信仰的可信度。通过庙会的神圣化让民众对炉神姑产生畏惧、崇拜、依赖之情，庙会和传说塑神的过程又是统一的，二者共同推动了炉神姑信仰的形成，也使得炉神姑信仰得以在村庄代代传承下去。

炉神姑在孟家村及其周边地区已经成为妇孺皆知的传说故事，并依托庙宇、庙会而成为一种绵延不绝的信仰。炉神姑信仰作为中下层民众民俗性、宗教性信仰，同其他民间信仰一样具有明显的功利性，具体到民众需求上，就是求福避祸。从最初的冶工保护神逐渐过渡到地区全能神，这是信仰发展的必然趋势。因为在现实生活中，无论人们怎样努力，总有一些人力所不能及的情况，民众总要承受来自各方面的压力。炉神姑庙会就是这样一个民众减压的公开场所。

四、周边地区的炉神姑传说

（一）张赵村炉神姑的传说

传说很早以前，在黑铁山北麓一华里处，卧着一头硕大的铁牛，它白天睡觉休息，夜晚则爬将起来偷吃附近庄稼，每夜蚕食数千亩，百姓苦不堪言，便联名上书地方官，请求为民除害。

官府贴出告示，广招技艺高超的冶工，限期七七四十九天，必须将铁牛熔化，否则问罪斩首。然而第一个限期过去，铁牛未被熔化，工匠们全都被杀了头。随之第二个限期又到了最末一天，李娥的父亲、舅舅也在其中，李娥为父亲送饭，见父亲愁眉不展、茶饭难咽，禁不住潸然泪下。

李娥站在炉旁，泪珠滴进炉内，铁牛的眼睛立即被化掉了。她既惊且喜，赶忙试探性地摘下一支耳坠掷于炉中，一只牛耳也被化掉了。李娥忙叫舅舅观看，连说“神了”。舅舅气红了脸说：“你若成了神，化了铁牛，我给你打路。”李娥暗想，倘若我跳进炉中，既可解救父亲、舅舅及工匠性命，也可为当

地百姓消灾免祸……想到这些,她便纵身跃入熊熊燃烧的冶炉。其舅慌忙起身阻拦,蹬倒了盛面馉扎的瓦罐,就形成了现在的馉扎山。在铁牛熔化之时,暴雨伴随着雷鸣电闪而至,一团烟雾从炉中骤然升起,直冲云霄,随即天空由阴转晴。众工匠及百姓见此,无不称奇,都以为是李娥的至孝至善的壮举感动了玉帝,因而玉帝把她接入天宫,敕封为义女。为了纪念这位无私无畏、勇于献身的孝女,百姓遂修祠立庙,将其奉为炉神姑,且定时膜拜祭祀,世代相传。

最早的炉神姑庙建于铁山的北岭,最早的碑刻出自于清朝乾隆九年(1744 年),道光二年(1822 年)重修,后来续建的旧庙毁于"十年动乱"。1993年,由民间捐资,炉神姑庙在中埠镇孟家村东北角予以重建。

据传,旧时张赵地区每逢天大旱,庄稼禾苗干枯,民众急盼下雨,便撞响村北阁大钟,集周边 26 个村庄之众设炉神之神坛,用四人小轿前往孟家村搬请炉神姑神位至神坛,民众跪拜祈雨。因炉神姑的姥娘家是张赵,故每求必应。

1943 年夏秋之季,旱魃肆虐,久旱无雨,禾苗枯萎,张赵及周边 26 个村庄在村中心油坊大场扎设神棚,摆设神位,请尼姑来念经。降雨之后,村民便为炉神姑缝制新袍,买上供品,摆上香、纸,再次搬请炉神姑神像前来看戏,照例唱三天大戏,名曰:"还愿谢雨。"

据传,前往孟家村搬请炉神姑抬轿随行之人,必须虔诚沐浴,污秽不洁之人不能参与。炉神姑庙的庙门狭窄,请炉神姑的轿子仅可勉强通过。而搬上神位出门时,众人刚起轿便轻松出门,众人无不称奇。

搬炉神姑的队伍行至北焦宋村一片瓜地时,因小路狭窄,种瓜人怕踩坏甜瓜,便约齐四位瓜农替换轿夫,结果却冲撞了神灵,种瓜人抬着轿不由自主地满瓜地踩了个遍。村民认为这是对炉神姑不敬而受到的惩戒。

村民还讲,轿子一路进入北阁,抬到神棚前,轿子浮了辇,轿夫身不由己,抬着轿从北阁跑到南阁来回不停,主持人知有人亵渎了神灵,马上进行调查,原来张某过产房,又出满月便进入神棚,带进了污秽之气,查明原因,主持人立即焚香熏了神棚,轿子方落地。

还有一年,村民连续求雨七天仍未落雨,有一位先生说:"天上云来云去,为何无雨?"于是便架乩扶鸾(一种迷信活动,在架子上吊一根棍儿,两个

人扶着架子，棍儿在沙盘上画出字句来视其为神的指示）请求神灵明示，结果沙盘显示出："鬼归家，家家鬼。"众人不知何意，直至七月十五，天降大雨，人们才恍然大悟——"鬼归家，家家鬼"指的正是农历七月十五日。

1949 年以后，此祈雨旧俗彻底废除。[①]

（二）花山炉神姑的传说

四宝山东侧的砚台山下有一铁牛坑，古冶铁之所，在春秋时就出产铁矿石。据史志记载，历代都有人在此开采铁矿，鸦片战争之后，德国、日本都曾在此开采铁矿。中华人民共和国成立后，金岭铁矿、四宝山公社皆在此处开采。铁牛坑这一地名在新城县志都有记载。此地名来源于古代传说。

相传，齐桓公在位时，砚台山下出现了一个怪物，每到夜晚便出来糟蹋庄稼，祸害百姓。老百姓非常气愤，手拿棍棒，结伙到田间守护庄稼，结果发现是一只大牛在作怪。众百姓奋起追赶，把大牛赶到砚台山下，在前边狂奔的牛突然变成了一只铁牛，那铁牛像房子一样大，推不动、打不走，老百姓对它无可奈何。可是到了夜晚，那铁牛又"复活"了，照样出来糟蹋庄稼。百姓只好联名上报官府。齐桓公接到传报，立即下诏，命令治里的工匠，在 49 天之内将铁牛捉住，就地熔化，为民除害。若是逾期不能完工，全部斩首。治里的工匠们来到铁牛跟前，围着铁牛垒起火炉，里边堆起山一样高的柴火，四周架起 64 个大风箱，点火鼓风，日夜不停，40 多天过后，铁牛完好无损。众工匠个个愁眉不展，唉声叹气，转眼到了第四十八天了，这天早晨，有个叫李娥的姑娘用陶罐盛着面疙瘩汤，来为爹爹送饭。李娥的父亲想到自己明天就要身首异处，不禁泪如雨下。李娥见爹爹不吃饭，只顾流眼泪，就问爹爹缘由，爹爹就将逾期不能完工，明天就要全部斩首的事告诉了李娥，说罢父女抱头痛哭。李娥心如刀绞，抱起一捆干柴投到炉中，恨不能一下就把铁牛化掉。李娥在投柴时把一只耳环掉在了炉中，铁牛的一只耳朵慢慢地熔化了，李娥又是惊又喜，就将另一只耳环投到炉中，铁牛的另一只耳朵也熔化了。接着，李娥又将自己的手镯、鞋子放进去，铁牛的四条腿也慢慢地熔化了。她想：若是我全身投到炉里，铁牛不就全熔化了吗?！爹爹和各位叔

① 该传说流传在张赵村一带，参见自《张赵村志》编委会编：《张赵村志》，第 343 页。

叔、伯伯就都有救了。想到这里,她趁爹爹不注意,纵身跳入炉中。李娥的爹爹见女儿往炉中跳下,大惊失色,赶忙来救,踢翻了盛疙瘩汤的陶罐,最终只能眼看着女儿葬身炉中,铁牛化成了铁水。李娥化作一缕青烟,直冲云霄,顿时天空乌云密布,雷电交加,大雨倾盆而下。化掉铁牛的地方形成了一个万丈深坑,人们叫它"铁牛坑"。砚台山下,雨水冲出了一条深沟,沟中布满了像面疙瘩一样的白色石头蛋。人们说那就是李娥为爹爹做的面疙瘩变的。

从此人们为了纪念孝女李娥,就尊其为"炉神",并在铁牛坑北边的花山上为她修了庙宇,塑了神像。每年的三月三、九月九,周围群众都前来烧香焚纸,祭拜李娥。[①]

(三)中埠地区炉神姑的传说

相传,齐桓公在位的时候,在铁山北麓几百米的地方有一个怪物。每到夜晚,它就到附近地里偷吃庄稼,一宿就糟蹋两三顷。百姓深受其害,苦不堪言。有人便秘密寻踪,方知是一只硕大的铁牛在作怪,却又对它无可奈何,于是只好联名上报官府,请求为民除害。齐桓公闻报后立即传旨,征招冶炼工匠,限在 49 天内将铁牛捉住,就地熔化。逾期化不了,则全部问罪斩首。被征招来的铁匠们吃住在炼炉旁,拼力拉动风箱,加大炼炉的火力,不分昼夜地苦干。可是铁牛丝毫无损,匠工们全被杀了头。随之第二批限期又到了最后一天,却总不见铁牛熔化。众人都急得要命,可又毫无办法。这天早晨,有个名叫李娥的姑娘为爹爹送饭来到工地上。她见爹爹愁眉不展、茶饭难咽,便问爹爹遇到了什么难事,爹爹说:"炼期就要到了,可铁牛仍然化不了,明日上午,便要将我和你这些叔叔、大爷一起斩首了……"女儿听了心如刀绞,父女二人抱头大哭。之后,她走近炉旁祈求:"铁牛快化了吧!"不料,她的两滴眼泪被风刮落到了炼炉里。只见铁牛的眼慢慢化了。她又惊又喜,忙试探着把一只耳坠摘下扔到炉里,只见铁牛的一个耳朵熔化了;随之又扔进另一只耳坠,另一个牛耳也被熔化掉了。她心暗想,我若全身都跳到炉里,铁牛不就全化了吗?这既可解救爹爹和所有工匠的性命,也可为当

① 该传说流传于中埠、卫固、四宝山一带,由孙明远根据花山庙碑文整理,参见张店区情网 http://zd.zbsq.gov.cn/minjiangushi/200507/176.html.

地百姓除害免祸……想到这儿，她趁爹爹不注意，把心一横，纵身跳入烈火熊熊的炼炉中。

眨眼间，那铁牛真的完全熔化了。这时，天空乌云密布，电光闪闪，雷声大作，大雨倾盆而下，随之一团烟雾从炉中骤然升起，直冲云端，飘然而去，随即雨住天晴。众铁匠及百姓见此，无不称奇，都传是李娥的至孝至善的壮举感动了玉帝，因而，玉帝把她接入了天宫，敕封为义女。

为了纪念这位无私无畏、勇于献身的李娥姑娘，百姓遂修祠立庙，将其奉为“炉神姑”，且定时膜拜祭祀，世代相沿。每逢天灾，附近群众就纷纷前来焚香烧纸，祈求炉神姑显灵，赐福于民。这故事便流传至今。[①]

（四）渭头河炉神姑的传说

渭头河村的龙王庙群中，最东边的院落的北殿里供奉着一位女神——炉神姑。她眉清目秀，神态安然，衣着华丽，端坐在冲正门的暖阁中，终年香火不断。过去，每逢久旱不雨，人们便把炉神姑抬出，沿街祈雨，形似闹元宵扮玩。

关于炉神姑的故事，众说不一，渭头河一带流传的故事是这样的：

从前，淄川城东有一个大铁牛，没有人知道它是哪朝哪代铸成的。有一年夏天黑夜，淄川城外的庄稼不知叫啥吃了一大片。这件事一直闹到官府都知道了。官府叫人四处里查访，啥也没查出来，后来，有人发现铁牛嘴上有些绿水珠子，才知道是铁牛干的事。淄川县大老爷找了个有名的铁匠，逼着他把铁牛化了，甭管铁匠把火烧得多旺，铁牛还是不化，县大老爷一气之下，把铁匠杀了。县大老爷叫人把铁牛拉到金岭，砌了个大铁炉，把淄川的铁匠都叫了来，叫他们一起化铁牛，化了很长时间也没化开。县大老爷只给3天期限，否则就把铁匠都杀了。有个叫香姑的闺女，她爹也叫县大老爷抓了去化铁牛。她们家生活贫困，眼看着没有吃的了，她揭开面瓮，把瓮底那点面刮出来，不够蒸馒头的，就做了点面疙瘩汤，用小罐盛上，给她爹送了去。香姑来到炼铁炉前，那泪珠子直往下滴，泪滴到铁牛身上，滴上泪的那个地方接着就化了一小块。香姑觉得挺跷蹊，接着就揪了几根头发放到铁

① 该传说由王绪才讲述，边崇顺整理，流传于中埠、卫固、四宝山一带。参见张店区情网 http://zd、zbsq、gov、cn/minjiangushi/200507/179. html.

牛的眼上,那眼顿时就化了。香姑乐坏了,她想:“我身上的东西还能叫铁牛化了啊!为了救俺爹和别的铁匠,我死了也值得。”说着,香姑一下就跳到炼铁炉里去了。“轰”的一声响,震得地都乱动弹——炼铁炉炸开了!铁汁流得到处都是,最后流满了金岭山。铁水和香姑的血渗进金岭山,成了眼下这金岭铁矿。

金岭山上还有一种疙瘩石,很像面疙瘩。传说那是香姑提的疙瘩面汤变的。后来,人们在香姑化铁牛的那个地方盖了一座庙,把香姑叫“炉神姑”。

渭头河的炉神姑庙,大概是由于渭头河村烧窑货,系火里求财,求炉神姑保佑发财吧。[①]

(五)索镇炉神姑的传说

齐桓公时期,商山有一头硕大的铁牛,它白天睡觉休息,夜晚爬起来偷吃庄稼,每夜蚕食若干亩,百姓不胜其苦。齐桓公得知后,命身怀绝技的铸剑师欧冶子炼牛铸剑,逾期斩首。然而妖牛在炉中冶炼一年仍然完好无损,眼看期限将到,欧冶子的女儿李娥见父亲命在旦夕,心急如焚,潸然泪下。泪珠滴进炉内,铁牛的眼睛立即被化掉了。她既惊且喜,赶忙试探性地摘下自己的耳坠掷于炉中,只听见炉内“哞哞”两声惨叫,两只牛耳又被化掉了。李娥暗想:“倘若我跳进炉中,既可解救父亲及众工匠的性命,也可为百姓消灾免祸……”想到这儿,她便乘人不备,纵身跃入烈火熊熊的冶炉,妖牛瞬间化成了铁水,熔炉上空飘起朵朵祥云,李娥的身影在彩云的簇拥下若隐若现,渐渐远去。

李娥为救父殉身,齐桓公听后为这一惊世孝举而感动,遂封李娥为炉神姑,下旨在商山绝顶建炉神庙。朝代更迭,但炉姑的传说绵延2000多年不衰,多位帝王对炉神姑都有敕封,唐朝高宗李治封炉姑为商山孝女,御赐半朝銮驾,拨金数万重修大殿。每逢久旱不雨,附近群众纷纷赶来焚香烧纸,祈求显神灵,落甘雨,赐吉利。随着炉神姑精神的发扬光大和炉神姑孝文化的进一步弘扬,人们欲另选一处更加风光秀丽、地气灵验的圣地建造新炉姑庙。是年三月初三,适逢炉姑庙会,一老者立于炉姑塑像前,将画有炉姑神

① 该传说流传在淄博市淄川区龙泉镇渭二社区一带。参见《渭二村志》编纂委员会:《渭二村志》,中华书局2001年版。

像的裱纸抛向空中，口中念念有词："炉神姑啊，您落到哪儿，哪儿就是您的新庙址。"那张抛向空中的裱纸飘落到澍水下游的河岸西处（今桓台乌河索镇段），人们一看，这儿是一处绝妙的新庙址。于是在这里建起了新的炉神姑庙，自此炉神姑的原封正庙由商山正式迁往索镇西镇村。

(六)炉神姑庙为何建在索镇?

某个夏天大旱，乡官于崇敕带村民抬着炉姑神像步行到铁山祈雨。一路上烈日炎炎，众人被晒得大汗淋漓、头昏眼花。于崇敕因年龄大体力不支，昏倒在地。他被救醒后，痛哭流涕地对天祷告："您显灵吧，快给我们下点雨吧。庄稼快干死了，百姓们快不能活了。"话音刚落，就见天上飘来一朵黑云，大家明白，这是神姑显灵了。同时，于崇敕听到一个女子满含悲悯的声音："再给我建座庙吧，不用每次都跑这么远了。"

神轿抬到了新民村附近忽然变重了，十几个人也抬不动，大家只得将轿子放下。于崇敕四面一看，发现所在地正是索镇的最高点，人称"鱼头顶子"。他明白了：炉姑是想在这里建庙。他和周围的老人们一番商量，大家一致认为，最好能再往西一点。于崇敕点上几炷香，再次对天祷告："炉姑啊，能不能把庙往西靠靠呢？那样我们供养你方便。"祷告完毕，就见平地起了一阵旋风，呼呼刮着往西而去，神轿这回一抬就起了。到了西镇，轿子第二次变重。大家放下轿子，召集村民，说明建庙的前因后果，村民无不欢欣鼓舞。后来，这里就成了现在的炉姑庙。①

① 该传说流传在桓台县索镇一带。参见程芃芃、胡正鹏：《炉姑传说：将孝文化发扬光大》，载2015年10月21日《大众日报》。

第九章
方言与谣谚

孟家村属于鲁中方言区，村民在日常生活中仍旧保留有大量的方言词汇、俗语谚语以及儿歌民谣，它们生动地呈现出当地的语言特征与民俗风貌。现根据访谈记录并参照《张店区志》《桓台县志》《淄博区志》《张赵村志》《李家村志》《金马村志》等地方文献资料，整理出其中具有典型性的部分，对应排列如下（前面词语为方言，后面词语为对应普通话含义）。

一、方　言

（一）自然时令类

老爷爷、日头：太阳
光明奶奶、月明、月嬷嬷：月亮
贼星：流星
冻冻：冰
雾露：雾
蒙星：落零星雨点
煞风：风停了
埝儿、埝子：地主
醭土：尘土、尘土飞扬
年时：去年
过年：明年
门年：往年
门日：往日
今门儿：今天
夜来：昨天
傍黑天：傍晚

河涯:河流
湾、湾涯:大水坑
滓泥:沉积的泥
早里:从前
早里煞:从前的时候
五黄六月:指盛夏季节

(二)生产类

上坡:下地
下坡:有的指下地、有的指收工
擸地:刨地
看沟子:浇地
坷垃:土块
活碌:要干的活儿或事
拢过:有空闲

(三)动植物类

棒子、棒槌子:玉米
蜀秫:高粱
红萝贝:胡萝卜
水萝贝:青萝卜
果子、长果:花生
麻糁:豆饼
功力:肥料
稙庄稼:早熟的早种的作物
呱呱子:鸭子
家雀子:麻雀
长虫:蛇
叫叫子:蝈蝈(公)
蝎虎子:壁虎
曲蟮:蚯蚓
蚁羊:蚂蚁
梢前:蝉
枝生:植物见水后显得挺拔鲜亮
树枝子:树枝儿
殜殗:植物失去水分面萎缩
头牯:牲畜
犍生、犍子:公牛
字牛:母牛
牙狗:公狗
貌狐、貌子:狐狸
蜂子:黄蜂、马蜂
蛹子:蛹
夜猫子:猫头鹰
鸡窝子:鸡窝
蜜虫子:蚜虫
蛇虫子:蜥蜴
马子:马

(四)称谓类

爷们儿:父子辈合称;成年男子
嬷嬷:祖母

娘们儿：母子辈合称；已婚妇女
小嗣：男孩
闺女、妮子：女孩
年小的：青年、晚辈
双傍：孪生子
瞎厮：盲人
秃厮：秃头的人
锅腰子：驼背的人
爷爷：祖父
爹：父亲
娘：母亲
姥娘：外祖母
老娘娘：老年妇女
兄弟：弟弟
兄弟媳妇、弟妹：弟媳
老婆、家里、家下：妻子
亲亲：亲戚
亲家：夫妻双方父母的互称

（五）身体与疾病类

嘎吱窝：腋窝
耳巴子：巴掌
妈妈：乳房、乳汁
膊罗盖：膝盖
球蛋：睾丸
手脖子：手腕
时气不济：迷信说法，因鬼神附身而患病
不熨阔：病了
心口疼：胃病
痨病：气管炎
害眼：患眼病
恶发：化脓
掉腚：脱肛
发脾寒：疟疾
打代喷：打喷嚏
唉哼：呻吟
唤醒：苏醒
着人：传染
包瘫：毛病、残疾
搬先生：请医生

（六）民居类

屋大场子：屋内地面
宿棚：用纸糊的天花板
大栏：厕所、猪圈
趼脚：墙基
扎裹屋：修缮房屋
寨门：篱笆大门
箔障子：里间
翻盖：拆了重盖
夹咕道子：两房间的夹道

（七）生活用具类

卤（镂）壶子：泡茶的壶
颜房：泛指结婚用的家具

茶壶:烧水壶

杭杭:玩具

豆枕:枕头

棉条:拆下的被里或指床单

笨布:家织布

窠罗:烧柴草的灶膛

抽斗:抽屉

马扎:小凳子

杌札子:方凳

电棒子:手电筒

茶碗子:茶杯

酒盅子:酒杯

布袋子:口袋儿

拐棒:拐棍,手杖

(八)日常生活类

饭食:饭菜

饭时:早饭时间

包子:水饺　蒸包

馅子:馅儿

下包子:煮水饺

菜包子:以粗菜作馅的蒸包

卷子:馒头的一种

馉扎:煮的面疙瘩

就菜:下饭的菜

糖沾儿:粮葫芦

饥困:饿

干渴:渴

涮嘴:漱口

饥荒:债

乱子:是非

搭火:煤求加土和水拌成的炭泥

煋水:脏水

说媳妇:给男子介绍对象

说婆家:给女子介绍对象

送柬儿:订婚

做嘴:接吻

红白公事:结婚和出殡

添饭:结婚时亲戚送礼

坐月子:生孩子

没开怀:女子婚后一直未生育过

老了:死了,没了

拉呱:闲谈、讲故事

拽:扔

横下:放下

超下:躺下

张倒:摔倒

除:铲

堕:掉落

谝:夸耀

嘤:骂

掇:搔

寨:钉上几个钉子

揺:涮洗衣裳

舞糗:弄(含贬义)

弄治:摆弄

糊迷:迷失了方向

犯恶:讨厌

赶够:巴结

烦气:心烦,讨厌

心焦:烦恼;训斥

憷头:畏惧;不愿意

发邪:小孩哭闹不止

语心:放心

淘还:寻觅;借

吆喝:叫喊

割伙:相约,结伴

绞裹:花销

操扯:筹办

插和:掺和

收收:收藏

截布:买布

打直使子:打寒战

撤扯:挖苦人

叨念:说话重复啰嗦

谈歇:怜悯

(九)性质状态类

熟化:熟悉

直实:耿直

拙古:工具不灵便

愚包:人笨

吃和尚:形容人只会吃不会干活

乔气:身上难受;见怪

小屈、屈皮:小气

踢蹬:顽皮;踹;捣实

熨帖:合适或舒适

灵息:聪明、灵敏

囊:拥挤

足:高兴、心满意足

暄和:松软

狼抗:马虎,粗糙

孬:不好

孬:不好

窄住:狭窄

么点儿:数量很少

刺挠:身上因受刺激而发痒

佤鼓:感到委屈

赶眼色儿:勤快,看得见活

使得慌:累得慌

伤天理:伤天害理

跟头骨碌:形容忙乱的样子

烦气嗒咕:形容心烦

瞎话留实:形容谎话多

亲戚礼道:形容沾亲带故

眼泪扑撒:伤心落泪的样子

(十)多义词

症候:毛病;上了邪劲

仔细:过日子节俭;小心(带警告性);细心

孤堆:土堆;蹲;闯祸

出溜:滑;退步;乱跑乱窜;中途溜走

生古:人的脾气不好;吝啬;稀奇古怪

巴结:奉承讨好;勉强;努力

拉巴:帮助;抚养;拉,拽

宽快:宽阔;有剩余;富裕

顾拥:缓慢爬行;行动迟缓;乱动

糟蹋:欺侮;奸污;浪费;破坏

黏糊:黏性强;关系密切,合作得好;形容办事不干脆,啰嗦,缠磨人

二、谚　语

(一)气象物候类

一日之计在于晨,一年之计在于春。

春争日,夏争时。

清明前后,种瓜点豆。

枣发芽,种棉花。

四月芒种麦在前,五月芒种麦在后。

豆子入了伏,打着有和无(指种)。

头伏萝卜,末伏荞麦(指种)。

白露早,寒露迟,秋分种麦正宜时。

小麦不怕草,最(单)怕坷垃咬。

庄稼一枝花,肥、水来当家。

桃三杏四梨五年,枣树当年就换钱。

清明秫秫谷雨谷。

榆钱落,耩谷也不错。

麦收八、十、三场雨。

小满三日见三黄,杏黄、茧黄、麦穗黄。

麦熟一晌,蚕老一时。

初伏萝卜末伏菜。

七宿黍秫八宿谷，麦子得要十天出。

麦耩黄泉谷漏天，豆子回头把身翻。

一翻二不收，三翻到了秋。

白露早、寒露迟，秋分种麦正宜时。

参辰晌，正中耩(麦子)。

种地不施粪，等于瞎胡混。

春雨贵如油，选苗如上粪。

绳索响，强得耪；镢头扔，强得耕。

耕地不用学，两眼瞅前舵。

三麦不如一秋长，三秋不如一麦忙。

宁推一千，不推一偏。

雷雨三晌。

早晨下雨当日晴，当时不晴，越阴越浓。

关门风，越刮越松；开门雨，越下越稀。

大雾不过三，过三十八天。

早看东南，晚看西北。

蛙子夜鸣，等不到天明。

蚂蚁出窝，长虫过道，雨水来到。

水瓮穿裙，雨水来临。

狗伸舌头蝉闭气，大雨说来也很易。

善晴必有恶阴。

东风不吃西风的气，北风不吃南风的气。

风灾一大片，雹子一条线。

冷在三九，热在中伏。

一九、二九不出手；三九、四九冻煞牛；五九、六九顺河看柳；八九、九九耕牛遍地走。

七九六十三，路上行人把衣宽；八九七十二，耕牛遍地是；九九八十一，家里送饭坡里吃。

立了春别欢喜，还有四十天的冷天气。

吃了端午粽，才把棉袄横。

小雪封地，大雪封河；小雪不封地，不过三两日。

桃花开，杏花败，榆钱飘，燕子来。

宁省囤尖，不省囤底。

云彩往南水涟涟，云彩往西水没鸡，云彩往北一阵黑，云彩往东一阵风。

早晨下雨一天晴，午后起云雨不停。

太阳云里钻，来日晒死獾。

烧了太阳窝，雨来如盖锅。

八月十五云遮月，正月十五雪打灯。

（二）生活类

笑一笑，少一少。

愁一愁，白了头。

常开窗，透阳光，

通空气，保健康。

饥不饱食，渴不狂饮。

饭后百步走，活到九十九。

手舞足蹈，九十不老。

运动好比灵芝草，何必去把仙方找。

捂捂盖盖脸发黄，风吹日晒身体壮。

（三）事理类

瓜无滚圆，人无十全。

子不嫌母丑，狗不嫌家贫。

吃人家的嘴短，拿人家的手软。

好话一句三冬暖，恶语伤人六月寒。

人叫千声不语，货叫点头自来。

不怕不识货，就怕货比货。

大生意怕跌，小生意怕歇。

吃不穷，喝不穷，计划不周就受穷。

金手银胳膊，也不要能挣能哆嗦。

勤上坡，懒赶集，阴天下雨编苇席。烧火烧那锅肚脐，不腌咸菜省粮食。

夏天庄头弯弯腰（拾柴、拾粮），强似冬天坡里走一遭。

新三年，旧三年，缝缝补补又三年（穿衣）。

树要直，人要实。

交人交心，浇树浇根。

穷无根，富无苗。

不做亏心事，不怕鬼叫门。

脚大站得稳。

兔子满山跑，最终宿旧窝。

吃着碗里看着锅里。

得一望二。

不做亏心事，不吃昧心食。

不能碗外头找饭吃。

不能一斧子砍到底，把人看作死（无改）。

上梁不正下梁歪。

宁愿饿时挪一口，不愿有时帮一斗。

刮下春风下秋雨。

井水不犯河水。

惹不起，躲得起。

人无志气铁无钢。

好汉不惹醉汉，强汉不打坐汉。

纸里包不住火，墙厚也透风。

好儿不如好媳妇，好女不如好女婿。

好儿不种祖业地，好女不穿嫁时衣。

老鸹飞到猪腚上，只看见猪黑，看不见自己灰。

待要好，大敬小。

你敬我一尺，我让你一丈。

借一驴还一马。

南瓜甜面不在老嫩，夫妻恩爱不在丑俊。

秤杆不离秤舵，老汉不离老婆。

三、歌　谣

小巴狗，带铃铛，
钢罗钢罗到集上。
想吃桃，桃有毛，
想吃杏，杏又酸。
想吃栗子上南山。

小巴狗，带铃铛，
冈啷冈啷到集上。
待吃桃，嫌有毛，
待吃杏，又嫌酸，
吃个栗子面丹丹，
打个呱啦上了天。

踢踢脚，绊绊脚，
压腰葫芦，海棠果，
粗糠细糠，点火放枪，
金笸箩，银簸箕，
抬抬小脚俺过去。

小老鼠，上灯台，
偷吃油，下不来，
吱尤吱尤叫奶奶，
奶奶不肯来，
咕噜咕噜滚下来。

青青菜，开红花，
从小养了你姊妹三。
大姐会做鞋，二姐会绣花，
剩下个三妮不会啥，
关到屋里纺棉花。
拧啊拧，纺啊纺，
一天纺了十来两。
爹也夸，娘也夸，
夸到婆家来娶她，
大花轿，吹喇叭，
吱啦吱啦娶到家。

打油郎，脖子长，
娶了媳妇忘了娘。
把他媳妇背到炕头上，
把他老娘背到山坡上，
娘啊娘，你别生气，
山坡上有热气，
又风凉，不闷气，
比那炕上强着呢！

山老鸹，尾巴长，
娶个媳妇忘了娘。
把娘背了山沟里，
媳妇放在炕头上。
擀白饼，熬鱼汤，
媳妇媳妇你先尝，
我到南沟看咱娘。

井里开花骨朵长，

俺打三岁没了娘。
俺爹雇上大花轿，
吹着喇叭娶后娘，
后娘生了个胖娃娃，
起个名字叫玉郎。
俺吃窝头就咸菜，
玉郎吃馍喝肉汤。
玉郎铺褥盖着办，
叫俺睡在光席上。
伸伸腿，叫声亲娘谁知道？

天上下雨地上滑，
专家跌倒专家爬。
亲戚朋友拉一把，
酒还酒来，茶还茶。

小黄盆，拌生菜，
小两口要分开。
你分里，我分外，
分了枕头分铺盖，
分了杆草分麦秸。

小机札拔骨碌，
开开楼门樾媳妇，
谁来了？俺二姑，
抱得啥？小马虎。
咬人不？不咬人，啊呜！

勺子头，弯弯把，
打小米到姥娘家，

姥娘叫俺看黄瓜，
人家偷，俺就骂；
老鸹扭，俺就吓。
姥娘叫俺来吃饭，
啥饭？烂杂面！
谁擀的？老王三。
谁看锅？馋老婆。
谁烧火？秃老婆。
谁打炭？王八蛋。
谁跳水？蚂蚱。
咋走？蹦跶！
谁推磨？豆虫。
咋走？鼓涌。

小白鸡，咯咯哒。
从小来到姥娘家，
姥娘给俺好吃的，
妗子给俺好粉擦，
大舅二舅给俺了找个好婆家，
找到哪里？
找到城里大官家，
既有骡子也有马，
又有大车拉庄稼，
也有轿车走娘家，
还有小车推着娃。
大舅二舅来叫俺，
俺上厨房去做饭，
擀油饼，捣辣蒜，
大舅二舅你吃饭，
俺到绣房去打扮，

红绸子挥，镶金边，
红缎子鞋，弯一弯，
梳油头，挽大簪，
问问婆婆多到咱？
天又短，路又远，
给你个日子待半年。

红姑娘，跳东墙，
为什么？躲爹娘。
怕他啥？家无粮，
把我卖给老货郎。
老货郎，不要脸，
俺十七，他五十三，
说他爹来他不是，
说他郎来不沾边。
俺不去，俺不见，
跳走了，离家园。
不怨爹，不怨娘，
穷人女儿都一样，
见不到爹，见不到娘，
死在外面回不了乡，
挂念二老哭断肠，
这可难为了红姑娘。

石榴树，叶儿黄，
十八岁的大姐九岁的郎，
要说郎来他又小，
要说儿老他又不叫娘。
晚上睡觉俺来抱，
还得给他脱衣裳。

头天晚上尿了一床大红被，

第二天晚上尿了绣花鞋一双。

尿了别的俺不怕，

尿了绣花鞋俺疼得慌。

越思越想心好恼，

劈头给他两巴掌。

头一巴掌他叫姐，

第二巴掌他喊娘，“叫声亲娘你饶了俺，从今后，俺光吃干粮不喝汤。”

下雨下雪，冻煞老鳖。

老鳖告状，告到和尚。

和尚念经，念着先生。

先生打卦，打着蛤蟆。

蛤蟆凫水，凫着老鬼。

老鬼扒门，扒着大人。

大人射箭，射着炕沿。

炕沿有个蝎子，蛰得大人尥蹶子。

龙生龙，凤生凤，

老鼠生来会打洞。

鸭子生来会拽腚，

庄家人生来会种田，

当官的生来会要钱。

点点捏捏，青枝绿叶。

有钱的，给点吃的，

没有钱的，退给你。

黑豆，黄豆，啪！

小白菜，黄又黄，

三岁两岁没了娘。
打小跟着爹爹过，
就怕爹爹找后娘。
后娘找到三娘上，
生了个弟弟比俺强，
弟弟吃面俺喝汤，
想起娘来泪汪汪。
后娘问俺哭的啥?
端起碗来烫得慌。

梆梆梆，卖豆腐，
一直卖到山后头。
山后头，一窝谷，
两个斑鸠在那儿哭。
斑鸠，斑鸠你哭啥?
俺娘不给俺找媳妇。

拖拉拖拉树，
姥娘在哪住?
姥娘住在花园里。
花园里一窝鬼，
吓得姥娘撇撇嘴。
姥娘姥娘你别哭，
我给你盖口大北屋。

蜻蜓蜻蜓你过来，
我给你做双大花鞋;
蜻蜓，蜻蜓你过去，
我给你做条大花裤。

小狗，小狗你看家，
俺到南园摘红花，
一朵红花没摘完，
听见小狗汪汪咬，
俺问小狗咬的啥？
咬那媒人来咱家！
东屋搬板凳，
西屋搬到杌札，
媒人你快坐下，
俺问媒人来干啥？
俺来给你闺女说婆家。
说到哪？
说到城里大官家，
也有马，也有骡，
也有大车走娘家，
也有小牛纺棉花。

拍打拍打燕子窝，
歪了墙，砸了锅，
燕子来家不依我。

小公鸡，上磨台，
多么盼着媳妇来。
又做袜，又做鞋，
吃饭端过咸菜来。

小板凳，一歪块，
高粱面子包韭菜，
爷吃了，干活去；
娘吃了，编席的；
孩子吃了去玩的。

小板凳，你莫歪，
我让爷爷坐下来；
我帮爷爷捶捶背，
爷爷夸我好乖乖。

板凳板凳歪歪，
菊花菊花开开，
开几朵？开三朵，
爹一朵，娘一朵，
剩下那朵留给我。

排排坐，吃果果，
你一个，我一个，
弟弟睡了留一个。

我当爸，你当妈，
花花瓜瓜当娃娃；
我们一起过家家，
我做饭，你搬凳，
娃娃哭了一起哄。

日本鬼儿，喝凉水儿，
打了罐子赔了本儿。
坐火车，轧断腿儿。
坐轮船，沉了底儿。
东洋老家你不住。
跑到中国来捣鬼。
翻了你的船，
砸断你的腿，
看你赔本儿不赔本儿。

天也昏，地也昏，
遍地起了遭殃军。
放着鬼子他不打，
专门糟蹋庄户孙。

说“中央”，
道“中央”，
中央来了一扫光，
见了牲口牵着走，
见了粮食车上装，
砸锅摘门劈风箱，
鸡鸭鹅狗全遭殃。

叫俺扭来俺就扭，
一扭扭到十八九，
不要娘给找婆家，
俺就跟着八路走。

高小毕业生，
干啥啥不中。
叫他掏大粪，
他嫌不卫生；
叫他去扫地，
他嫌没出息；
叫他去耪地，
他说没力气；
叫他当会计，
算盘子又不济。

附　录

一、长篇小说《炉神姑》

2010 年，中埠镇孟家村原支部书记王玉清[①]完成了长篇小说《炉神姑》，经“根德文丛”审查批准，由北方文艺出版社印刷发行。

长篇小说《炉神姑》(王玉清著)

该书对炉神姑的身份与形象进行了重塑，将其塑造成一位优秀的蹴鞠女，并加入了七仙女的故事。全书故事情节大概为：齐国冶官后代李般与爹下乡打铁，娶一位蹴鞠女赵婉为妻。后来，李般到太行山西参加冶炼，家中妻子早产后又遇到了水灾，女儿李娥就成了没娘的孩子。李娥在爹爹等亲人的抚养下，继承母亲遗志，十几年后又成为一名出色的蹴鞠女，并一直蹴到临淄。后来

① 王玉清，曾担任孟家村村支部书记 17 年。

南方人放出了商山铁牛,为害一方百姓。李娥的爹爹应召化炼铁牛却失败,眼见期限将至,为救父及一方百姓,李娥毅然跃入炼炉中。该书在描述古代齐国山水风光、古代淄博人文风情的同时,着意刻画了孝女李娥母女钟情蹴鞠的精神,细腻地描写了孝女李娥大义大勇、化炼铁牛、舍生救父的壮举。

2010 年的《淄博年鉴》在"文学创作"部分提到:"全市共出版文学长篇专著 30 余部;在中央和省、市级文学报刊和杂志发表中、短篇文学作品合计 300 余篇。其中,《绿逝》《糖都赋》《大乔小乔》《白露》《炉神姑》《场客》《黑铁山》等书获好评。"

不过,孟家村部分村民认为,该书并不以事实为本,虚构成分较多,并且"将炉神姑的生日都写错了",炉神姑的生日本来是农历十一月十七,却将其写成了六月,显然不符合事实,有些信众对此不能接受。

二、歌曲《炉神姑》

原中埠镇文化站站长边崇顺传承与保护炉神姑文化贡献颇大,他担任站长期间,曾经数次调查当地的炉神姑传说与信仰,采访当地的老人,整理出许多关于炉神姑的传说故事,并积极申请将炉神姑传说列入非物质文化遗产保护名录。后张店区炉神姑传说列入山东省非物质文化遗产,并将该村村民、70 岁的段美兰确定为最终的非物质文化遗产传承人。边崇顺也很有艺术才华,作画小有名气,乐器以笛子为专长,兼会二胡、扬琴、笙、抚琴等。他根据当地流传的故事、唱本,加上自己的创作,编写了歌曲《炉神姑》,在当地影响很大,老百姓争相传唱。

这首乐曲的曲调属于典型的民间小曲,音乐简单易学,曲调欢快明朗。歌词是按照故事情节发展的模式来叙述的,简洁明了。

炉神姑颂

边崇顺整理

商山脚下孝女多,李娥就是其中一个。为化铁牛献出生命,保护一方百姓平安。

古时山下有一铁牛,夜间偷吃万亩良田。官府下令把铁牛化,多少工匠白费时间。

李娥为父来送饭，铁牛不化爹爹问斩。伤心眼泪落进炉中，铁牛眼睛顿时不见。

她把耳环顺手摘下，投进炉中牛耳全化。“既然我能把铁牛化，何不为百姓把身献。”

她一蒙头跳进炉中，铁牛化成铁水一片。李娥升天成为炉神，从此保佑一方平安。

边崇顺曾经去中埠镇孟家村以及周边村落，将这首歌曲教给当地的村民。在炉神姑庙里，看庙的老太太们平时也喜欢唱唱，并希望一直传唱下去。这首歌曲的流传为炉神姑故事谱写了新的篇章，在动人的旋律中，炉神姑的事迹更加得到了人们的认同。民众相信通过音乐与炉神姑进行沟通，在证明自己虔诚的向神之心的同时，也一定能博得神的欢心，如此若有需求，再向神纳福求佑必然更加灵验。更重要的是，这首曲子所宣扬的孝道精神，对传唱者与听众都有积极的教化作用，炉神姑及其文化通过优美的旋律在鲁中大地上广为传颂。

值得一提的是，歌词中有一句“她一蒙头跳进炉中”，在民众讲述故事的时候，也往往会说到“炉神姑最后蒙了蒙头，便一头跳进了炉中”。对此，村民的解释是“早年间李娥穿的是大褂子，再说见到大火小姑娘也害怕啊”，可见歌词来源于民众的生活，也反映了民众的心理。另外，当外村有人讲到她的耳坠子不小心掉下来化了牛角的时候，旁边本村有位王大娘强调“不是掉下来的，而是摘下来扔进去的”，这说明本村对此细节的重视，不是炉神姑不小心掉的，而是此时为化铁牛不惜自己珍爱的物品，以至于最终献上自己宝贵年轻的生命，也说明人们对炉神姑的怜惜之情，如对待一个小女儿。

三、炉神姑庙会上的唱词

（一）十杯茶

一杯清茶，一炷香，
我请老子玉皇爷，
老子玉皇来搭救，

他给咱善人立下的世界。
二杯清茶，二炷香，
我请地藏老母娘，
地藏老母来搭救，
五谷全苗往上长。
三杯清茶，三炷香，
我请东海老王爷，
东海龙王来搭救，
她给咱善人免去了水灾。
四杯清茶，四炷香，
我请四季老母娘，
四季老母来搭救，
她给咱善人免去风水灾。
五杯清茶，五炷香，
我请五大老祖爷，
五大老祖来搭救，
他给咱善人免去公路上的灾难。
六杯清茶，六炷香，
我请太上老君爷，
太上老君炼仙丹，
他给咱善人免去了病灾。
七杯清茶，七炷香，
我请北斗老爷的驾。
北斗老爷来搭救，
他给咱善人免去了雹子的灾难。
八杯清茶，八炷香，
我请八仙老祖的驾，
八仙老祖来搭救，
他给咱善人免去了虫子的灾。
九杯清茶，九炷香，

我请全神佛祖的驾，
全神佛祖来搭救，
免灾免难免灾殃。
十杯清茶，十炷香，
我请当家灶王爷，
当家灶王来搭救，
他给咱善人免去了家里的灾。
善人闻听免了灾，
双膝跪在了地尘埃。
一叩头，我谢了老子玉皇爷，
二叩头，我谢了地藏老母娘，
三叩头，我谢了东海龙王爷，
四叩头，我谢了四季老母娘，
五叩头，我谢了五大老祖爷，
六叩头，我谢了太上老君爷，
七叩头，我谢了北斗老爷，
八叩头，我谢了八仙老祖爷，
九叩头，我谢了全神的佛祖，
十叩头，我谢了当家灶王爷，
有人念了这十杯茶，保老保少保全家，
有人念了这炷香，免灾免难免灾殃。

(二)绣仙衣

五云山这老母，手段是高，
也能剪也能绣，一面成当，
未曾剪这仙衣，心中好慌，
未曾绣这仙衣，一阵慌忙，
前身上她绣上，千佛万祖，
后身上她绣上，五凤朝阳，
大襟上她绣上，天河一道，

低襟上她绣上，织女牛郎，
四角上她绣上，四大金刚，
两齐上她绣上，兰草一对，
袖口上她绣上，喜鹊一对，
两肩上她绣上，一对凤凰，
衣领上她绣上，二龙戏珠，
扣鼻上她绣上，一对鸳鸯，
这老母绣仙衣，听听当当，
叫仙童穿仙衣，耀眼睁光，
念到这里佛未满，念上个弥陀保周全。

主要参考文献

一、著作类

1. 宗力、刘群:《中国民间诸神》,河北人民出版社 1986 年版。

2. 乌丙安:《中国民间信仰》,上海人民出版社 1996 年版。

3. 李乔:《中国行业神崇拜》,知书房出版集团 1996 年版。

4. 山东省地方史志编纂委员会:《山东省志·自然地理志》,山东人民出版社 1996 年版。

5. 高有鹏:《中国庙会文化》,上海文艺出版社 1999 年版。

6. 郭于华:《仪式与社会变迁》,社会科学文献出版社 2000 年版。

7. 杨念群主编:《空间·记忆·社会转型——"新社会史"研究论文精选集》,上海人民出版社 2001 年版。

8. 张建国等:《淄博实用手册》,淄博市新闻出版局 2002 年编印。

9. 谭达先:《中国的解释性传说》,商务印书馆 2002 年版。

10. 苑立主编:《20 世纪中国民俗学经典·信仰卷》,社会科学文献出版社 2002 年版。

11. 赵世瑜:《狂欢与日常——明清以来的庙会与民间社会》,三联书店 2002 年版。

12. 郑振满、陈春生:《民间信仰与社会空间》,福建人民出版社 2003 年版。

13. 薛艺兵:《神圣的娱乐:中国民间祭祀仪式及其音乐的人类学研究》,宗教文化出版社 2003 年版。

14. 郑峰主编:《淄博民间故事集成》,山东文艺出版社 2004 年版。

15. 张士闪:《乡民艺术的文化解读》,山东人民出版社 2005 年版。

16.《李家村志》编委会编:《李家村志》,中国文史出版社 2005 年版。

17. 张士闪、耿波:《中国艺术民俗学》,山东人民出版社 2008 年版。

18. 乐史、王文楚:《太平寰宇记》,中华书局 2008 年版。

19.《张店区志》编委会编:《张店区志》,中华书局 2008 年版。

20.《张赵村志》编委会编:《张赵村志》,山东新闻出版局 2008 年编印。

21. 岳永逸:《灵验 · 磕头 · 传说——民众信仰的阴面与阳面》,三联书店 2010 年版。

22. 王玉清:《炉神姑》,北方文艺出版社 2010 年版。

23.《金马村志》编委会编:《金马村志》,线装书局 2017 年版。

二、论文类

1. 刘铁梁:《作为公共生活的乡村庙会》,载《民间文化》2001 年第 1 期。

2. 岳永逸:《乡村庙会生活与村落生活》,载《宁夏社会科学》2003 年第 4期。

3. 刁统菊、李然:《庙会、传说与历史——对费县龙王堂庙会的调查与思考》,载《民俗研究》2005 年第 4 期。

4. 岳永逸:《传说、庙会与地方社会的互构——对河北 C 村娘娘庙会的民俗志研究》,载《思想战线》2005 年第 3 期。

5. 林继富:《神圣的叙事——民间传说与民间信仰互动研究》,载《华中师范大学学报》2007 年第 6 期。

6. 岳永逸:《家中过会:中国民众信仰的生活化特质》,载《开放时代》2008 年第 1 期。

7. 蒋明智:《悦城龙母:从传说到信仰》,载《文化遗产》2008 年第 2 期。

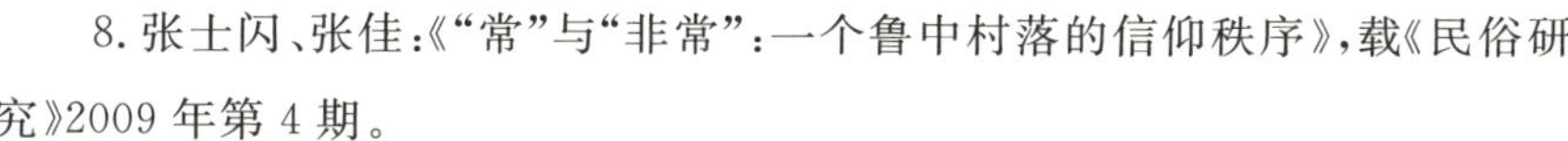

8. 张士闪、张佳:《“常”与“非常”:一个鲁中村落的信仰秩序》,载《民俗研究》2009 年第 4 期。

9. 韩同春:《庙会类型研究概述》,载《民族艺术研究》2010 年第 1 期。

10. 赵树国:《明清鲁中地区民间信仰特色及成因》,载《邯郸学院学报》2010 年第 2 期。

11. 陈旭:《淄博铁山——中国冶铁发源地》,载《管子学刊》2010 年第 4期。

12. 赵树国:《试论明清鲁中地区水神信仰》,载《东方论坛》2010 年第 5期。

三、学位论文类

1. 辛灵美:《民间信仰与村落生活研究》,山东大学硕士学位论文,2005 年。

2. 李然:《传说、庙会与村落生活——以费县龙王堂庙会为例》,山东大学硕士学位论文,2006 年。

3. 赵树国:《明清鲁中民间信仰研究》,山东师范大学硕士学位论文,2007 年。

4. 杨冰:《神灵、庙宇与村落生活:对一个鲁中山村民间信仰的考察》,山东大学硕士学位论文,2007 年。

5. 陈杰:《颜文姜庙会研究》,中国艺术研究院硕士学位论文,2010 年。

6. 李然:《山东秃尾巴老李传说与信仰研究》,山东大学博士学位论文,2010 年。

7. 覃琮:《“标志性文化”生成的民族志——以滨阳的舞炮龙为个案》,上海大学博士学位论文,2011 年。

后记

就华北区域社会史研究而言，鲁中是非常值得关注的一个田野点。早在春秋时期，这一带便是重要的政治、经济、文化中心。历史绵延至今，鲁中地区的文化呈现出鲜明的“层累”特征。本书的研究对象系鲁中腹地的一个平原村落——孟家村，我们希望通过对该村民俗志的“深描”，以微观的村落史个案来探析区域社会文化的某些特征。尽管这是一部对村落文化面面俱到的民俗志类著作，但它也有重点关注的对象——炉神姑庙宇及其信仰文化。炉神姑信仰是鲁中地区的标志性文化之一，它起源于淄博商山一带，波及周边的博山、淄川、临淄、邹平、桓台、青州、临朐等地，不仅有着悠久的历史，而且通过传说、庙会等形式与地方社会产生了紧密联系。它最初是冶铁业内供奉的行业神，与当地冶铁业的兴盛有直接关系，到了明清时期则深入民间社会，演变成为以“炉姑”为主角的重要的地方女性神灵。在这一过程背后，官方所控制的冶铁业的兴衰对炉神信仰的演变产生了直接影响，尤其是明清时期，当地冶铁业废弛，是炉神信仰脱离行业神特征的最重要原因。同时，明清时期国家文化控制对贤孝文化的旌表以及这一时期鲁中地方社会所发生的变化，促使它转变成了重要的地方神信仰。因此，本书从发现地方性知识和“自下而上”看历史的视角来审视鲁中一带的炉神姑信仰，通过具体而微的村落中的信仰实践来探讨鲁中地区的官与民、礼与俗的互动，其重要意义不言自明。

2011 年的深秋时节，我们第一次走进了孟家村。夕阳余晖下，这座历史久远的小村庄祥和而宁静地安居在鲁中大地上。正值收秋时节，村民十分忙碌，宽阔笔直的柏油马路上晒满了金黄的玉米，村外的田野上机器轰鸣，

耕耘着土地，一派秋忙的丰收景象。我们是慕名前来考察炉神姑的信仰与传说故事。尽管村民十分忙碌，但仍然十分热情地接待了我们。从此，我们便与孟家村结下了不解之缘，对孟家村的炉神姑信仰进行了长达7年的跟踪田野调查，获取了丰富的文献与口述资料，为本书的写作奠定了扎实的基础。

细数下来，我们前后对孟家村的田野调查已达5次之多。2011年9月23～25日，山东大学民俗学研究所在读博士生李生柱，在读硕士生宫慧珉、赵容、孔军等人首次对孟家村进行了民俗文化普查，调查范围涉及村落生活的各个方面，尤其关注了炉神姑信仰习俗，并对孟家村炉神姑庙内的古碑文进行了拓片、抄录与文字整理工作。2011年10月，宫慧珉等人再次来到孟家村，详细调查了农历九月初九的炉神姑庙会盛况，对庙会的仪式流程做了翔实的记录。2011年12月8～11日，宫慧珉、赵容等人调查了另一次炉神姑庙会。这次庙会因炉神姑的生日（农历十一月十七）而举办，规模尤盛，调查组获得了大量图片与影像资料。2012年2月6～7日，农历正月十五、十六，宫慧珉等人对农历正月的炉神姑庙会进行了跟踪调查，重点采访了庙会中的香头、香客、组织者等人员。2017年7月17日、21～23日，张士闪、李生柱、李海云、周连华等人先后两次来到孟家村调查；第二次调查时，北京大学赵世瑜教授加入了考察队伍，并提出了许多指导意见，使我们受益良多。

除在田野中获取的“第一手”资料外，地方文献也是我们重点参考的资料之一。比如，《益都县图志》《青州府志》《张店区志》《桓台县志》《淄博区区志》《张赵村志》《李家村志》《金马村志》等地方志或村志资料，对我们理解鲁中地方历史以及孟家村社会变迁大有裨益。

在本书的写作中，感谢母校山东大学民俗学研究所的老师们一直给予的指导与帮助。山东大学文学院教授、原山东省民俗学学会会长，我们敬爱的“老爷子”李万鹏先生无私地向我们提供了他整理的所有有关炉神姑的文献资料。先生虽然离我们远去，但他对后辈的提携与关怀值得我们永远铭记。导师张士闪教授不仅陪同我们到孟家村调查，还悉心指导本书写作，贡献了许多重要的写作思路和观点。此外，还要感谢刘德龙、刘宗迪、李浩、刁统菊、王加华、赵彦民、龙圣等老师，他们也对本书提出了许多宝贵的建议。

一直以来，孟家村村民对我们的调查提供了大力的支持和帮助。面对

我们的多次叨扰，他们非但没有丝毫不耐烦的情绪，反倒热心地接待我们，在此对他们深表谢意。他们是路春秋、段美兰、毕俊英、王爱英、刘贵琴、逯永芬、王玉清、逯永杰，等等。此外，还要感谢原中埠镇文化站站长边崇顺先生，在田野调查中，他向我们提供了许多文献资料。

最后要感谢山东大学民俗学研究所的同学们——刘星、赵容、吴美云、井长海、李海云、孔军、张兴宇、李向振、周连华，等等。他们在资料调查与书稿写作中对我们帮助颇多。山东大学出版社傅侃编辑细心、热情，对本书撰写提出了诸多批评意见，她的工作促成了本书的顺利完稿与出版，特致谢忱！

李生柱　宫慧珉

2017年10月

图书在版编目(CIP)数据

孟家村/李生柱,宫慧珉著. —济南:山东大学出版社,2017.12

(山东村落田野研究丛书/张士闪,李松总主编)

ISBN 978-7-5607-5917-3

Ⅰ. ①孟… Ⅱ. ①李… ②宫… Ⅲ. ①村史—淄博 Ⅳ. ①K295.25

中国版本图书馆 CIP 数据核字(2017)第 328664 号

责任策划:傅 侃
责任编辑:傅 侃
装帧设计:牛 钧

出版发行:山东大学出版社
社 址 山东省济南市山大南路 20 号
邮 编 250100
电 话 市场部(0531)88363008
经 销:山东省新华书店
印 刷:山东华鑫天成印刷有限公司
规 格:720 毫米×1000 毫米 1/16
12 印张 201 千字
版 次:2017 年 12 月第 1 版
印 次:2017 年 12 月第 1 次印刷
定 价:40.00 元